Im Kopf einer 13-jährigen

Was soll ich tun?

Was ist, wenn man sich verloren hat, aber nicht weiß wie man sich wieder findet? Was ist, wenn man denkt man weiß überhaupt nichts über sich selbst, wenn man nur über Sachen nachdenkt, aber nichts tut, wenn man nicht einmal richtig nachdenkt, sondern es sich nur einredet, dass man nachdenkt aber nichts tut? Was ist wenn ….. ?

Ich habe mich verloren, aber ich wollte und ich will es immer noch nicht wahrhaben. Vor ein paar Tagen habe ich herausgefunden warum ich mich so komisch fühle: ich habe mich verloren. Ich bin nicht zusammengefallen oder wie man das eben meint, ich bin auch nicht zusammengebrochen, sondern ich habe mich verloren. Wie ich mich zuletzt verloren habe, habe ich mich relative schnell wieder gefunden. Aber dieses Mal nicht, ich habe mich jetzt nicht nur verloren, sondern habe heute noch dazu das Gefühl als würde ich zerbrechen, wenn ich mich nicht schnellstens wieder finde. Das jedoch bin ich ja schon fast gewöhnt, das Problem wäre, dass ich nicht wirklich weiß wie man sich wieder findet. Ich vertraue immer auf ….. ich weiß nicht wirklich genau auf was ich vertraue, aber gut. Und in den letzten Tagen habe ich mich immer versteckt. Habe Computer gespielt und mir Sachen angesehen. Aber gestern habe ich mit mit selber ausgemacht, dass ich heute keinen Computer benutze, also kann ich mich schlecht beim Computer verstecken, beschäftigen oder sonst etwas. In meinem Zimmer versuche ich auch öfter, dass ich mich verstecke, aber das funktioniert nicht so gut, auch wenn ich häkle. Ja, was soll ich tun?

Anna habe ich nicht verwirren können, weil sie im Ausland war und ich sie dort nur anrufen durfte, wenn ich viel zahlen wollte. Also?

Und im Heuboden, wo ich sonst immer am besten zu mir gefunden habe, merke ich am meisten das ich mich verloren habe und nun auch noch zerfalle.

Grundaussage: Ich weiß nicht wie man sich auf die eigenen Füße stellt und dabei nicht umfällt! → Hilfe

Wörter: ca. 335

geschrieben am: 5.August 2013

Meine größten Wünsche

Also, meinen größten Wunsch weiß ich momentan nicht, denn es gibt da zwei, riesige Wünsche und ich weiß nicht welcher größer ist.

Der erste wäre einmal, oder besser gesagt einer der beiden wäre dass ich mich in eine . verwandle, aber nachdem ich nicht weiß wann der Planet Venus in einem der Sternbilder Stier, Skorpion, Wassermann oder Löwe ist geht dies etwas schwerer!

Und der zweite oder anderer Wunsch wäre, dass ich in die andere Welt darf. Dies gestaltet sich jedoch auch etwas schwierig nachdem ich so gut wie nichts weiß. Ich weiß das ist falsch das ich nichts weiß, aber ich weiß nicht wie ich es anders formulieren soll. Schätzungsweise ist alles was ich wissen muss in meinem Unterbewusstsein, aber da kann ich schlecht hinein, also?

geschrieben am: eine Woche vor 3.8.2013

War es richtig?

Ich wollte einmal so sein, dass ich, zum Beispiel wenn ich traurig bin, selbst entscheiden kann ob ich gleich oder erst ein wenig später zum Heulen anfange. Dies habe ich nun erreicht, aber ich wollte und will es eigentlich immer noch (alles) mich einfach selbst, bewusst, kontrollieren können. Und nun habe ich einen Teil von meinem Wunsch erfüllt indem ich einfach nur probiere meine Gefühle, oder zumindest den größten Teil davon, nicht immer zu äußern und in mir zu behalten. Jedoch, wenn ich nun, zum Beispiel ein Geschenk oder Süßes bekomme, dann sagt mir meine Mutter fast jedes Mal dass ich mehr strahlen soll. Und ich denk mir dann fast jedes Mal: aber ich will das nicht/ich will nicht das was ich denke oder fühle ausstrahlen, zumindest möchte ich es von den Leuten verstecken können, die nicht so genau schauen, nicht vor die die sowieso, eigentlich auch vor die, nein ganz sicher auch vor die, die überhaupt nicht schauen.

→ Ich möchte mich und meine Ausstrahlung kontrollieren können. Und somit so wenig wie möglich zeigen.

Wörter: ca. 188

x

Es gibt sooooo viele Sachen/Dinge/Themen über die ich nachdenke. Und noch viel mehr über die man nachdenken kann.

Ich schreibe das alles, oder das Meiste davon nur auf damit ich ganz viele Deutsch-Hausübungen habe, diese ganzen Texte soll eigentlich niemand lesen.

Ich überlege zum Beispiel über das Leben und den Grund dafür nach, oder warum ich über so vieles nachdenke. Warum es so viele Fragen und Antworten gibt, man sie aber selten richtig zusammenfindet, oder warum ich alles mit Pferden vergleiche, warum ich so eine schlechte Meinung über Menschen habe. Oder warum ich mich vor Entscheidungen, die nur mich betreffen nicht scheue, aber vor Entscheidungen, die ich treffen soll und außer mir auch noch andere betreffen (schon) scheue. All dies und noch viel mehr. Ich denke überhaupt hauptsächlich über Fragen nach, fällt mir gerade auf. Ich denke auch gerne in Bildern und male mir alles genau aus. Oder ich überlege warum man sich an manche Träume erinnert, und andere nicht. Jedoch weiß ich noch nicht mal was Träume sind, oder weshalb man überhaupt genau dies träumt, was man träumt.

Magie (/Zauberei) / Fantasy?

Es glauben nicht wirklich viele Leute, die ich getroffen habe an Magie. Eigentlich fast keiner.

Es gibt sehr viele Filme die unter "Fantasy" eingestuft werden. Aber es überlegt sich selten jemand was in diesen Filmen wahr und was nicht wahr ist. Schließlich muss es ja einen Grund geben, warum oder wie man auf dieses Thema/diese Geschichte kommt. Niemand glaubt zum Beispiel das es (zum Beispiel) Halbgötter wirklich gibt, dass das zwar schon ausgedachte Geschichten sind, aber der schwerste Baustein, der älteste Grundstein wahr ist. Jeder sieht sich solche Filme im Kino oder im Fernseher an, aber niemand glaubt dran dass es solche anderen Sachen auch gibt. Alles muss wissenschaftlich erklärt werden. Nichts kann einfach wahr sein und man glaubt daran.

Was denkst du?

Was ist?(mit dir)

Ich denke ich muss einfach einmal nur alleine sein, mich "eingriegen". Es ist zwar schön, dass sich die anderen (ins Besondere Anna, Nira, Familie, Lehrer, ...) um mich sorgen, kümmern und mir helfen wollen, aber ich bin einer der eher selbst sich wiederaufbauen muss. Ich muss alleine sein, vielleicht mit Musik, die mich aufheitert, aber alleine, wo mich nlemand hört & sieht. Einfach mich einmal ausweinen. Über alles nachdenken, mit der Traurigkeit, ohne dass ich versuchen muss sie zu verstecken. Ohne dass ich mich schäme. Ich weiß, ich bin ein komischer Mensch, aber das bin ich. Was soll ich tun? Versuchen tue ich ja eh schon ein paar Sachen, jedoch bin das dann nicht ich, somit gebe ich das alles wieder auf. Es bringt sich nichts, ich weiß (, aber......).

Oft schreibe ich innere Monologe, dass gefällt mir auch, aber nicht immer hilft es etwas, nicht immer fällt mir etwas ein.

Irgendwie denke ich, dass mir die Zeit zu wenig, zu kurz wird. Mit der Schule, Hobbys, Freizeit, Familie & Freunde, da dazu kommt dann noch das Schlafen und ich möchte noch etwas dazu schreiben, das jetzt leider (hoffentlich noch) nicht stimmt. In der Schule müssen wir in fast jedem Fach lernen, und nun fangen die Tests und Schularbeiten auch noch an. Ich denke ich nehme mir zu wenig Zeit für mich, die mir helfen würde. Nun gut, ich bin selber schuld. SS. Es ist mein Leben, wenn ich es mir so richte, muss ich wohl auch damit klarkommen!

Wünsche

Ich lebe mein Leben, nicht wirklich mit Grund, aber gut. Ich habe Freunde und Familie. Tiere und Spaß. Es ist, als wäre es perfekt. Aber nachdem ich ein Mensch bin, habe ich Wünsche, und solange mir diese Wünsche nicht erfüllt sind, glaube ich, dass mir irgendetwas fehlt. Ich finde zwar, dass sich das so nicht gehört und dass es unrespektvoll gegenüber dem Leben selbst ist, aber es lässt sich schwer verhindern. Also, was meine Wünsche betrifft, das müsst ihr nicht unbedingt wissen, somit habe ich auch beschlossen, dass man auch ohne diese (erfüllten) Wünsche gut leben kann. Es sind ja keine Lebenswünsche, diese wären wichtig(er), es sind einfach nur kleine, normale, blöde Wünsche. Ich sehne mich zwar schon seit einigen Jahren nach der Erfüllung dieser Wünsche, jedoch bin ich mir nicht sicher ob ich wirklich möchte, dass sie in Erfüllung gehen. Es sind doch gute Vorstellungen, wie es wäre, wenn sie keine Wünsche mehr sind, sondern wenn sie wahr sind, es sind Vorstellungen und Vorstellungen kann man drehen, wenden und bauen wie man möchte, man kann Sachen weglassen, ändern oder sogar verkuppeln.

Wenn man mit seinem Leben zufrieden ist, warum sollte man, oder warum will man dann etwas daran ändern?

?

Ich möchte mich ausdrücken, weiß aber nicht wie. Ich weine innerlich und jetzt auch schon äußerlich, weil ich nicht mehr weiß wie ich mit so viel Traurigkeit oder Wut, oder ich weiß nicht einmal was es ist, umgehen soll.

Mama hat heute gesagt, ich soll mir irgendetwas suchen, z.b. Dekwando, das hat nämlich meinen Bruder geholfen, lernen sich zu konzentrieren, aber ich möchte nicht Dekwando.

Ich hätte da zwar eh schon etwas, aber ich habe das Problem, dass ich nicht weiß wie ich das üben kann, ich bräuchte einen Lehrmeister oder so etwas, irgendjemanden der mir das beibringt, oder mir eben sagt was ich wie tun soll.

Mein Vater ist sensibel, am Abend noch mehr wie sonst, und das bringt oft Wirbel in die Familie, den ich nicht mag, ich bekomme davon irgendwie Angst.

Ich möchte sehr viel von mir nicht preisgeben, doch versuche ich einige Antworten auf einige meiner Fragen durch fragen zu bekommen. Beim fragen dieser Fragen versuche ich, dass man nicht merkt warum ich dies frage und was das genau mit mir persönlich zu tun hat.

Oft habe ich Angst das mir das nicht gElinagt oder nicht gelungen ist, aber was soll ich tun, ich möchte diese Fragen stellen damit ich wieder weitere Antwort-Möglichkeiten offen habe.

Mein Leben, habe ich seit gestern im Gefühl, nehme ich eher als Pflicht, früher nahm ich es als Chance und suchte den genauen Sinn dafür, damit habe ich aufgehört (eigentlich ja nicht).

WER AUCH IMMER DIESEN TEXT LIEST, DEN BITTE ICH DARUM IHN NICHT IN ERWÄHNUNG ZU NEHMEN!!!!!!!!!!!!!!!!!!!!!! - Danke.

Nun, Lieder habe ich gerne, weil in einem Lied, gleich wie gut oder bescheuert es ist, die Gefühle enthalten sind, → das Lied drückt dich aus.

Vorm Computer sitze ich gerne, weil er mich in eine „andere" Welt nimmt und von der echten entfernt.

Oder Filme, von jedem Film kann man etwas lernen, man muss hin und wieder einfach nur etwas genauer hinschauen. Sie entführen denjenigen, der sie ansieht, in eine andere Welt, sie haben fast immer ein gutes Ende und sind selten die Wirklichkeit. Hin und wieder schade, hin und wieder gut und hin und wieder beides → wie man´s nimmt.

Warum sehe ich gerne Fantasy-Filme? → Nun, ich sehe mir gerne Fantasy-Filme an, weil sie von etwas handeln, an das viele Leute/Menschen nicht glauben, einige davon sehen sich zwar diese Filme zum Spaß an, aber sie glauben nicht einmal im Traum (wie man als Sprichwort sagt) dran.

Ich glaube an sehr vieles dieser Filme, aber in keinem dieser Filme glaube ich an alles was ich an Informationen daraus filtere. (→ mehr davon in einem eigenen, anderen Text.)

geschrieben am: 10.10.2013

Nur Hilfe!

Was ist, wenn man lebt, weil man leben muss, und nicht weil man mag?

Was ist, wenn man Millionen von Fragen hat und keine Antworten? Wenn man nur Theorien hat. Was ist, wenn man sich viele dieser Antworten durch fragen holen könnte, aber nicht die Antwort selbst sondern nur einen Teil dieser Antwort will?

Was ist, wenn man zu feige ist, zu fragen? Oder wenn man nur Hilfe möchte, sich besser zu verstehen und nicht gleich einen ganzen Roman?

Oder aber vielleicht möchte man nicht die Antwort selbst, sondern eine weitere Frage, die dich dann vielleicht zur Antwort bringt. Was ist dann? Man möchte nur Hilfe, und nicht gleich eine vollkommene Zerstörung des eigenen Bildes. Nur Hilfe! Und diese eben in einer Weise wie es, für jetzt mich, Hilfe ist und auf keine, wo sowieso niemand weiß was das heißen soll. Nur die Gedanken eines Freundes vielleicht, zu einem bestimmten Thema/zu einer bestimmten Frage. Wenn man nur wieder Ruhe im Kopf haben will, und keinen „Kampf" mehr? Wie soll man das machen?

Was würdest du tun?

... wenn du dich zwischen deinem Tod und dem z.B. deines besten Freundes entscheiden müsstest?

... wenn du zwei Leben hast und dich für eines der beiden entscheiden müsstest?

... wenn du zwei Persönlichkeiten besitzt und dich für eine der beiden entscheiden müsstest?

… wenn du die Zeit beliebig weit zurückstellen könntest, und so einige Dinge anders machen könntest, die   vielleicht nicht so gelaufen sind, wie du es dir erhofft hast.

… wenn du dein Leben vor dir hast, aber nicht genau weißt was genau du damit machen möchtest?

… wenn alle gegen dich sind, außer deine besten Freunde (Familie, Freunde, ...)?

… wenn du deine Persönlichkeit neu und selbst bestimmen könntest? → Würdest du sie ändern oder lassen wie sie ist?

… wenn du dich deiner größten Angst stellen müsstest, oder wenn du nicht aus kannst, wenn deine größte   Angst dich stellt?

… wenn du bei einem Unfall dabei warst, wo jemand starb, den du gut kanntest, oder sogar recht mochtest, und selbst aber nicht wirklich verletzt wurdest?

… wenn du das Gefühl hast dich würde jemand beobachten, egal wie (durch (deine) Gedanken, „Storken", ...)?

… wenn …...

Angst vor mir(/dir) selbst?

Warum hat man überhaupt Angst? – So genau weiß ich das nicht einmal, aber ich weiß, dass man vor so ca. allem Angst haben kann, und somit das es verschiedene Formen von Angst gibt und die wiederum alle individuell sind. Somit finde ich, weiß ich schon relative viel.

Also gut, wenn ich überlege vor was ich allem Angst habe, dann denke ich mir, in letzter Zeit, dass ich eigentlich vor sehr vielen Sachen Angst habe. (Die genauere Bezeichnung von `sehr vielen Sachen´ braucht ihr nicht zu wissen.)

Nun, seit heute weiß ich wie ich, in der Theorie, einige Ängste vielleicht ganz vertreiben kann, wenn ich mich dazu bringe, dass mir diese Antworten immer bewusst sind. Ja, das hört sich wahrscheinlich für manche nicht wirklich schwierig an, aber versucht es einmal.

Gut, vor was habt ihr Angst? – Überlegt einmal!

Viele versuchen sich ihre Ängste auszureden, das finde ich ist eine schlechte Idee. Und wieder andere denken das sie vor Sachen Angst haben, vor denen sie sich gar nicht fürchten. → Zu viel Angst ist nicht gut, aber zu wenig Angst auch nicht. Jedoch braucht man sie.

Wisst ihr schon vor was ihr allem Angst habt? Wenn ja, dann könnt ihr einmal überlegen was eure größte Angst ist. (Ich denke, ich weiß meine größte Angst nicht.)

Also, was denkt ihr eigentlich von dem Thema Angst?

=> Definiert einmal (eure persönliche Version!). Oder denkt einfach einmal darüber nach. Denkt auch einmal über Dinge/Sachen nach, worüber ihr sonst normalerweise nicht nachdenken würdet! Und nicht nur oberflächlich nachdenken, sondern auch euch selbst nachfragen, denkt gewissenhaft!

geschrieben am: 29.11.2013, 2150

Wörter: ca. 240

Leben

Ich fühle mich verlassen, leer.

Es ist als sei die ganze Lust verschwunden. Einfach weg.

Ich lebe, weil ich lebe und nicht, weil ich irgendeinen recht wichtigen Grund habe.

Ein Tag vergeht und der nächste fängt an, dieser vergeht dann wieder und es kommt wieder der nächste und so geht es das ganze Leben lang dahin.

Man muss leben, denn wenn man nicht lebt, dann muss man tot sein oder sterben, aber beim Sterben lebt man ja auch noch, also muss man tot sein damit man nicht lebt. Aber dies ist auch wieder falsch, denn wenn man tot ist, dann lebt man auch noch, nur eben etwas anders, oder?

Firmung?

Soll ich mich firmen lassen? Ja. – Nein. Ich weiß es nicht. Einerseits habe ich das Gefühl ich muss fast, denn ohne Firmung darf ich nicht Taufpate oder Firmpate sein und ich kann nicht so heiraten wie ich es mir vorstelle. → Also muss ich wohl, auch wenn ich nicht möchte. Ich will mich eigentlich nicht firmen lassen, aber ich muss wohl.

Was soll ich tun? Wenn ich es nicht tue, dann ist vor allem meine beste Freundin sauer. Doch so richtig wollen, tue ich es wirklich nicht, wenn dann eher unwillkürlich.

(Ich denke dann ich opfere mich.)

Was soll ich tun?

Wörter: ca. 100

geschrieben am: 21.11.2013, 2045

Zeitgedanke

Ich höre den Wecker, wie der Sekundenzeiger tickt.

Meine Mutter, wie sie drängt, dass ich das Licht ausmache und endlich schlafe.

Den Stift, der schreibt.

Meine Decke, und mich.

Wenn ich aus dem Fenster sehe, sehe ich Dunkelheit mit einem Lichteinfall (ohne Nachttischlampe!). Und wenn ich auf meinen Wecker schaue, dann kommt mir in den Sinn, dass ich schlafen soll, jedoch bin ich nicht müde. Ich kann schlecht einschlafen, möchte wieder einmal einen guten Text schreiben, Zeit haben.

Doch, ...

Wörter: ca. 80

geschrieben am: 17.11.2013, 21:25

12.12.

Ich bin 13, ich bin jung, ich kann nicht jetzt schon wissen was ich mein ganzes Leben lang machen möchte. Nicht einmal meine Schulpflicht habe ich beendet.

Zwar habe ich schon einen Plan, was ich in dem nächsten Jahrzehnt machen möchte, aber dieser besteht aus Schule und Ausbildungsschule. Nunja, wenn man etwas studieren möchte muss man eben erst eine Matura machen und danach noch das Studium → das dauert eben (s)eine Zeit.

Meine Eltern haben gestern den Übergabsvertrag besprochen, und so meinen älteren Bruder den Besitz vom Hof übergeben. Das heißt, für mich, meine Eltern sind nicht mehr die Besitzer von dem Grundstück, auf dem ich lebe.

Ich bin noch minderjährig, ich kann eben noch nicht so viel über mein Leben und dessen Zukunft sagen, was soll ich tun.

Jedes Mal, wenn ich ihn jetzt sehe, weiß ich nicht wie ich reagieren soll, oder was ich tun soll, schließlich ist das ja sein Besitz. Mir kommt es vor als würden meine Eltern weniger „Macht" haben, als mein Bruder, und das nur wegen diesem blöden Übergabsvertrag.

Ich weiß nicht wie ich damit umgehen soll. Ich hasse Veränderungen. Und außerdem habe ich Angst.

Meine Eltern sind älter, und meine Brüder auch, (PS.: ich bin mit meinem älteren Bruder 9 Jahre auseinander.) beide haben einen positiven Schulabschluss und eine Ausbildung. Ich nicht.

Mama hat gesagt, es ändert sich nichts, aber das glaube ich ihr nicht. Im Grunde müsste ich jetzt für alles zahlen, nur damit ich und meine Tiere dableiben können. Damit wir ein Zuhause mit Dach über dem Kopf, Essen, Trinken, Schlafplatz, ... haben.

Bei meinen Eltern habe ich es mir ja einreden lassen, sie sind ja meine Eltern, sie müssen für mich sorgen bis ich volljährig bin, aber bei meinem Bruder.

geschrieben am: 12.12.2013

Sie – Form – Text

Also, es gibt drei Arten von Formen, wie man jemanden anreden kann.

Die eine wäre/ist die DU-Form. Diese nimmt man meist bei Kindern und Freunden. Kinder dürfen Erwachsene meist nicht mit der DU-Form anreden, nur mit der SIE-Form. (außer in der Familie)

Dann gibt es noch (wie schon angesprochen) die SIE-Form und dann noch die HOHEITS-Form (bei mir MEHRZAHL-Form). Jedoch ist die Hoheits-Form schon so weit in den Hintergrund geraten, dass sie nicht mehr gilt.

Ich finde, dass die Sie-Form blöd ist. In England gibt es sie auch nicht, und es ist auch kein Problem. Also, warum gibt es die bei uns. Sie verbietet uns, zum Beispiel in der Schule, dass wir uns mit den Lehrern lustig, spaßig, „freundschaftlich" unterhalten.

Nichteinmal in den Pausen dürfen wir „Du" zu ihnen sagen.

Und warum gibt es eigentlich zwei Sie-Formen? - Die eine ist die normale und die andere ist für noch eine Stufe mehr Respekt, oder wie?

Warum gibt es die zweite, wenn man sie eh nie,/oder eben fast nie, nimmt? Die ist ja dann voll unsinnig.

Unsere Pferde

Mama möchte eins unserer Pferde verkaufen, und nun ja, ich bin der Meinung, dass das „Verhältnis" in unserer Herde gerade sozusagen, perfekt ist, und außerdem fällt mir kein Pferd ein, das wir hergeben sollten.

Wir haben: Sila, Mira, Leptira, Mira, Saraja, Frenklin, und Landina (Sie ist eingestellt.).

Meiner Meinung nach ist die Aufteilung zwischen Pferden & Menschen so: Sila & Mira sind meine, Leptira & Mira sind Mum´s, Saraja & Frenklin sind Anna´s, und Landina gehört Angelika.

Also sind alle "versorgt".

Das Problem ist nur, dass wir alle selbst finanzieren müssen, und nachdem der Hof nun meinem Bruder und nicht mehr Mum & Dad gehört, ist dies alles etwas schwieriger.

Mum überlegt nun sogar ob sie arbeiten gehen, selbstständig bleiben, oder ein Nachhilfestudio aufbauen soll.

Gut, (zurück zu einem Thema, das nicht so furchtbar ist), ich habe ja schon öfter vorgeschlagen das ich alles außer die Einstellgebühr (→ also Hufschmied, Entwurmen, Impfen, ...) für meine selber bezahle, aber Mum sagt dann immer Nein.

Ich bin zwar jung, doch ich kann sparen!

Anna sollte Saraja kaufen, finde ich.

Sie kommen super klar & sind ein eingespieltes Team.

Anna wünscht sich ein Pferd und Saraja ist auf der Klippe, ob sie bleiben darf, also passt es.

Sie könnte es ja auch versuchen, dass sie ihre Eltern überredet, indem sie „alles", außer die Einstellgebühr selber bezahlt.

Das einzige Problem ist, dass sie Flöte & Klavier auch lernt, Schule hat, und studieren möchte, somit hat sie wenig Zeit. → Schade!

Frenklin, nun ja, er ist ein Hengstfohlen, brav, sensibel, nett und alles, aber ein Hengst. Dies ist der einzige Hacken.

Mum ist gespannt wie er sich entwickelt und wie sein Gang wird.

Mira soll zum HBP-Pferd trainiert werden & mit den anderen sollte ebenso mehr unternommen werden. Doch, eben die Zeit!

[Mum könnte doch teils HBP machen und teils (Englisch-) Nachhilfe geben. Wäre doch eine Möglichkeit.

Sie möchte außerdem ein Studium (in Linz) mit Praktikum (je nach Praktikumsplatz) annehmen.

Anna müsste sich jedes Jahr auf die Sekunde genau planen.]

Warum könnte Mum nicht einfach das mit HBP & teils mit Nachhilfe machen. Ich Schule und Reitstunden & Mum helfen. Und Anna 2x in der Woche kommen und mit den Pferden trainieren.

Warum muss den immer alles so kompliziert sein, warum kann es nicht einfach einfach sein? Wenigstens etwas einfacher.

geschrieben am: 1.1.2014

Man ist sich selbst – Du bist du, ich bin ich

Jeder ist einzigartig, und jeder ist sich selbst. Es gibt niemanden doppelt. Ja, gut, manche sehen sich etwas ähnlich, aber der Charakter ist sicher nicht derselbe, auch wenn es nur kleine Unterschiede gibt, sie sind da. Jeder hat Schwächen und Stärken. Die braucht man.

Jeder kann vorgeben anders zu sein, aber niemand wird es je ganz schaffen. Es wird immer etwas dableiben, was so starkes, dass man es nicht verdrängen kann. Das Grundgerüst fällt nie ganz zusammen und verschwindet dann einfach. Und es lässt sich auch nie überdecken. Man kann zwar etwas umändern versuchen, doch weg kriegen kann man das nicht. Das Unterbewusstsein ist zwar stark, doch man kann es nicht zu Sachen bringen, die gegen dieses sind. Man kann es beeinflussen, aber nicht kontrollieren!

Jeder muss selbst herausfinden wer er ist. Dazu ist ebenso Hilfe notwendig, denn ohne Hilfe (könnte man nicht leben) käme man nicht durch. Jedoch muss man aufpassen wie man sich helfen lässt, denn es ist keine Hilfe, wenn dir jemand sagt wer und wie du bist. Du musst es selbst herausfinden! Wenn dir jemand sagt wer du bist, und du nimmst es an, dann bist du dies nicht du, sondern dann bist du der, der das ist was derjenige der dir dies sagte, wollte das du bist, und nicht du. Somit passe auf von WEM du dir WIE helfen lässt.

Es ist gut wie man ist, und man muss, und soll sich nicht ändern, denn es hat einen Grund weshalb man so ist wie man ist.

geschrieben am: 6.1.2014, ca. 19:35 – 19:50

Popstar & Nicht-Popstar

Ich denke der einzige Unterschied zwischen Popstar und Nicht-Popstar ist der, dass sich die Stars am Anfang trauen dies zu tun (z.B. singen, mit lauter, klarer, Stimme). Sie trauen sich etwas vor anderen Leuten. Lassen sich jedoch auch verkaufen. Sie achten nicht mehr darauf was andere wissen sollten und was nicht. Alles was die Fans oder Medien wissen wollen, das dürfen sie auch wissen. Es gibt keine Privatsphäre mehr.

Und die Nicht-Stars überlegen mehr. Trauen sich eben nicht so viel, sind meist/oft schüchterner und überlegen wahrscheinlich mehr.

Aber gut, ohne Nicht-Stars gäbe es keine Fans mehr, keine die ihr ganzes Geld hinauswerfen nur damit sie mit oberlautem

Gekreische irgendeinen Typen live sehen dürfen, oder sogar ein Autogramm bekommen.

Tut mir leid. Es sind nicht alle Stars so, aber eben die meisten.

Ich weiß nicht wie ich wäre, wenn ich einer wäre. Aber gut, ist ja auch unwichtig.

Überlegt trotzdem mal wie, wie denkt ihr würdet ihr sein? Und dann merkt euch die Antwort und fragt euch in einigen Jahren wieder. Dann könnt ihr eure Antworten vergleichen.

geschrieben am: 6.1.2014, 19:50 – 20:05

x

Fühle mich überflüssig. Als wäre ich nur Platzverschwendung.

Als würden sich alle für mich verantwortlich fühlen und mich deshalb lassen, und tun so als würde es sie interessieren wie ich drauf bin, was mich bedrückt, wie's geht,... . → Das fühlt sich echt doof, /blöd an.

Ich weiß nicht was ich tun soll. Ich fühle mich ja schließlich selbst nur überflüssig. Verbrauche Strom, Essen, Trinken, Geld. Ohne mich hätten wir weniger Tiere zu versorgen und mehr Platz, den anderen würde viel mehr bleiben. Doch ich bin da.

Möchte mich verkriechen, einfach weg-sein.

Aber leben.

x

Es ist als wäre Mum nicht mehr da. Sie ist ständig weg.

Ich finde es ist nicht so schlimm das sie jetzt „Arbeiten" geht.
Sondern das Schlimme ist, dass sie so gut wie nie da ist, wenn
ich von der Schule nachhause komme. Und sie weiß auch
selten wie lange sie arbeiten muss. Wenn sie Glück hat, dann
weiß sie ungefähr wann sie nächsten Tag arbeiten muss.

Es sind mehrere Veränderungen gleichzeitig und ich hasse
Veränderungen. Sie sind als würden sie mir etwas
wegnehmen!

Ich weiß, dass das bekannte Sprichwort (: Man muss etwas
zurücklassen, um weiter zukommen!) recht hat, aber es ist so
schwer es zu tun.

Es ist furchtbar, dass sie nun so oft nicht da ist. Früher habe
ich sie jederzeit etwas fragen können, sie war da. Und nun, sie
ist nicht mehr da, wenn ich Hausübung mache, wenn ich nach
der Schule wegen irgendeinem Grund (z.B.: Weil sie nicht da
ist, wenn ich nachhause komme. Oder weil ich mich selbst
fertig mache. ...) traurig bin und nachhause komme → sie ist
nicht da. Es wäre alles, denke ich, nicht so schlimm, wenn sie
da wäre, wenn ich nach der Schule nachhause komme. Ich bin
es gewöhnt, von klein auf, dass sie so gut wie immer da ist,
und nun soll sich alles schlaghaftig ändern?

Lest den Text (12.12.2013). Dann werdet ihr wahrscheinlich verstehen. Ihr müsst mich nicht kennen, ihr müsst mich auch nicht wissen.

So hat alles angefangen. Und bis jetzt ist es nicht mehr ganz weg gegangen. Wenn eines nicht mehr so schlimm ist, dann kommt meistens das Nächste.

Eines, was dazwischen war, ist jetzt schon so gut wie weg, es hat geheißen das dies nicht geschieht, aber so recht glauben tue ich es noch nicht.

Ich weiß keinen, mit dem ich reden kann. Und auch Texte schreiben fällt mir schwer.

Es verfolgt mich den ganzen Tag. In der Nacht noch nicht so.

Ich kann mit niemanden darüber reden, denn wenn ich es tue, oder auch nur daran denke, dann glaube ich, dass ich denjenigen dann egoistisch und so vorkomme. Dass ich denjenigen dann belästige.

Ich suche Aufmerksamkeit, möchte mir aber eigentlich keine beschaffen, den dann komme ich mir auch egoistisch vor.

Ca. jedes Monat, habe ich herausgefunden, muss ich mich sozusagen einmal ausweinen. Aber das möchte ich, wenn mich niemand sieht oder hört, und auch später nicht recht anmerkt. Ich komme mir dann immer blöd vor.

geschrieben am: 6.3.2014

Ich möchte mit jemanden reden, jedoch möchte ich nicht, dass es jemand weiß. Also habe ich ein Problem, aber das ist nichts Neues und auch kein Problem.

Im Grunde fürchte ich mich.

Ich weiß nicht wie ich mit so vielen Veränderungen gleichzeitig umgehen soll. – Soll ich auch alles verändern oder einfach nichts tun, oder was soll ich tun?

x

Ich kann meinen Bruder nicht als „Chef" akzeptieren, er ist mein Bruder. Für mich ist das nicht...... wahr, nicht....... (ich kann es nicht ausdrücken, zumindest weiß ich momentan kein Wort dafür). Ich weiß einfach nicht wie ich damit umgehen soll. Eigentlich möchte ich es niemanden sagen, und wenn doch, dann nicht, dass es mich so belastet. Ich schäme mich dafür. In 5 Tagen ist es 4 Monate aus, seitdem ich innerlich zerstört worden bin.

Ich habe eine neue Theorie, weshalb ich nicht über meine Probleme reden möchte: Wenn ich darüber rede, dann muss ich ja alles wieder in mein vorderes Gedächtnis holen und dann kann ich nicht mehr aufhören zu Weinen und daran zu Denken.

Seit 12.12.2013 hört es nicht mehr auf, dass dauernd etwas dazu kommt. Und jedes Mal, wenn etwas Neues kommt, steigt neue Wut in mir auf. Ich nehme dies nicht wirklich wahr, aber Anna hat mir heute gesagt, dass meine Stimme eine aggressive Unterstimme dabei hat. – Ich merke dies aber nicht. Es kommt mir vor als würden diese ganzen Probleme mich dazu griegen so wütend und aggressiv zu werden, sodass ich mich dann, ob ich will oder nicht, von der Welt abschneide.

Dass ich so wütend und aggressiv und traurig werde, dass mich jeder nur noch hasst. – Eigentlich verständlich.

Was können andere denn dafür?

Es ist so viel Wut in mir das Texte es nicht beschreiben können, außerdem verdränge ich es.

Es ist wie ein Trauma, der Körper/der Geist verdrängt es zum Schutz! Schlau. :)

Ich weiß nicht was ich machen soll.

Ich will, dass es weg geht (ganz), aber ich möchte nicht (→ mit niemanden) darüber reden. Zumindest möchte der Großteil von mir nicht darüber sprechen.

Alles ist irgendwie anders. Ich kann nicht mehr richtig denken, und versperre jeden engeren Kontakt zu mir.

Wenn ich solche Texte schreibe, dann muss ich normalerweise nicht heulen. Komisch, aber gut.

Meine Großeltern ziehen jetzt in die beiden Zimmer von meinem Bruder um, und es wird schon alles fleißig besprochen, wie was werden soll. Welche Farben die Zimmer haben sollen, was sie lassen, was sie verkaufen, kaputt machen, zerstören, wegschmeißen. Einfach wohin sie all ihre Möbel tun.

Sie (meine Großeltern) tun dies alles nur damit das Gewölbe bleiben kann wie es ist.

Ich denke sie wollen es eigentlich eh nicht wirklich. Ihnen bleiben eben nur diese beiden Möglichkeiten. Und da ist die eben die Bessere, → finde ich auch, aber trotzdem.

Bei ihrer alten „Wohnung" wird sozusagen alles niedergerissen. Die ganzen Möbel werden ruiniert. Die Wände werden frisch gestrichen.

Das Bad und so, alles wird herausgerissen und dann neu gemacht!

Für mich ist dies furchtbar!

Ich kann nicht wirklich ertragen dass meine Großeltern ihre Zimmer für den Hofbesitzer, ihren Enkelsohn, aufgeben.
          Ich könnte sie, glaube ich, zwar verstehen. Und auch ich würde so handeln, wenn ich in ihrer Situation wäre, aber für mich, hier und jetzt, ist es nicht gut erträglich.

Ich versuche dieses Thema und auch die anderen die mich belasten, aber vor Allen dieses, zu unterdrücken. Natürlich ist mir mittlerweile bewusst geworden, dass es nicht so weitergehen kann, aber was soll ich tun?

Ich bin voller Verzweiflung. -_-

Meine Eltern streiten oft, und das macht mir Angst.

Mein Bruder war heute schon neue Möbel kaufen. Es wird wirklich ernst. Nicht mehr nur reden. Wirkliche Taten. :(/ :/

Mum überlegt, und macht schon erste Schritte, Leptira herzugeben. Eventuell auch Frenklin, weil die Unruhen in der Herde immer schlimmer werden.

Am Anfang hoffte sie, dass Anna sich in ihn ´verknallt´, sodass sie Saraja hergeben kann, aber das ist nicht passiert.

Dad ist irgendwie unglücklich, ich meine nicht heute mal einen schlechten Tag, sondern wirklich. So wie ich keine Ruhe wegen Dem habe, so ist er unglücklich → auf längere Dauer. Nur weiß ich nicht wieso. :?

Ich finde Smilies sagen sehr viel aus. Keine Ahnung weshalb.

Ich habe viele Gedanken, und traue mich aber nicht über sie nachzudenken, oder auf sie einzugehen.

Irgendwie habe ich das Bedürfnis Geld zu verdienen. Einen Job nachzugehen. Ich fühle mich nutzlos. Nicht brauchbar. Es ist komisch, aber wahr.

Schön langsam, habe ich das Gefühl, wird M. klar, dass er der ´Boss´ ist, und er nimmt es an. Man glaubt, zumindest ich, dass es ihm sogar gefällt.

Ich schreibe wirklich gerne, nur weiß ich nicht was.

Ich denke, nachdem ich mich ja jetzt nur noch wiederhole, ich langweile euch.

Wie gesagt, ich habe das Gefühl, dass ich alles falsch mache. Dass ich nutzlos, sinnlos, blöd und unbrauchbar bin.

Krieg

Kriege sind schrecklich. Millionen von Menschen verlieren ihre Familie. Manche von ihnen wissen nicht einmal, dass er (der Mensch) gestorben ist. Er ist einfach nicht mehr zurückgekommen. Er könnte ja genau so gut ein Kriegsgefangener sein, so wie Millionen andere.

Und die, die im Krieg kämpfen müssen, leiden meist an physische Erkrankungen. Diese entstehen durch selber töten. Hauptsächlich aber, weil sie mit ansehen müssen wie Millionen Menschen erschossen, gesprengt (oder/) und niedergeschlagen werden.

Viele verlieren ihr Gesicht, Hände, Arme, Beine und ihre rechte Würde.

Sie leben in Angst. Auch wenn sie es nicht zugeben wollen.

Krieg ist aber auch ein produktives Mittel viele Menschen zu töten. Jedoch wird parallel dazu auch die Natur zerstört. Also die Luft. Die Landschaft. Gebäude die man langzeitig geplant und gebaut hat. → Generationen werden in Sekunden zerstört.

Manche Soldaten werden von ihren Vorgesetzten aufgefordert Bomben nach vorne zu Bringen und werden dabei bewusst erschossen.

Ich möchte mich nicht in die Rolle von jemanden versetzen, der bei einer Kriegszeit dabei ist.

Ich bewundere, auch deswegen, die Personen, die bei einem Krieg dabei waren und trotzdem gute & weise Menschen sind. Die so stark waren/sind solch eine schwere Zeit durchzustehen. → Sie verdienen Respekt!

geschrieben am: 12.4.2014, ca. 1625 – 1650

Gott

Wer und was ist Gott? Ich denke Gott ist für jeden individuell. Jeder hat eine andere Vorstellung von Gott, und jeder hat eine andere, spezielle, eigene Verbindung (Beziehung) zu ihm.

Von einem Film (Narnia) habe ich gelernt, dass man sich Gott selber bildlich machen kann. Aber am Anfang nicht weiß, dass dies, was man sich da vorstellt und mit dem man eine Verbindung aufbaut, Gott ist. Eventuell ist man dann, wenn man es herausfindet, sauer, erleichtert oder auch beides. Ich weiß nicht wie es bei euch ist. → Überlegt.

Viele denken, wenn man die Kirche regelmäßig besucht, zu allen Gottesdiensten geht, keine Sünden begeht (und wenn doch, sie beicht) dann ist man ein ernsthafter, guter Christ, der in den Himmel kommt. Ich jedoch denke es ist mehr egal ob man jetzt alle 10 Gebote einhält und keine Sünden begeht. Man kommt in den Himmel, wenn Gott es möchte, und man selbst daran glaubt.

Gut, ich weiche vom Thema ab.

Gott, ist eine Gestalt, die dir beiseite steht und dir hilft. Egal bei was, und aus welchen Grund. Er geht mit dir wann immer du es möchtest, und er lässt dich nicht alleine.

Es ist egal wann und wo du bist, du kannst ihn jederzeit um Hilfe bitten und er wird das sein.

Ob es ihn gibt oder nicht, ich weiß es nicht (genau).

geschrieben am: 12.4.2014

Freunde

Es gibt zwei Hauptarten von Freunde.: Die, die nur so tun als würden sie deine Freunde sein, damit sie dich gut ausnutzen können. Und die, die wirkliche, richtige und wahre Freunde sind. Die nicht nur so tun, sondern dich so mögen wie du bist. Mit all deinen guten und schlechten Seiten. Sie mögen dich obwohl sie dich kennen! ❤

Ein Sprichwort sagt, dass wenn man eine beste Freundin/einen besten Freund hat keinen Spiegel mehr benötigt. Weil die beste Freundin/der beste Freund dich ja eh schon spiegelt.

Dies erinnert mich wieder an Ostwind → also an Pferde.

Jedoch bin ich mir nicht sicher ob das immer stimmt.

Zum Beispiel kann deine beste Freundin (ich schreibe es jetzt nur noch mit „bester Freundin", aber ihr wisst ja dass ich beide Arten miteinbeziehe), ja auch einfach „eine Seite" von dir sein. Du merkst dir das was sie sich nicht merkt und umgekehrt. Geht doch auch, oder?

Du kannst das eine besser und sie das Andere. → Zusammen ergebt ihr dann das perfekte Team.

geschrieben am: 31.3.2014, ca. 1730

Wien

Wien ist blöd. Es ist voll die depri-Stimmung und jeder ist voll doof drauf.

Die Zimmer sind dem Gefängnis anscheinend ähnlich. Die Kasten sind voll klein und sehen aus wie beim Militär.

Im Moment schreien und „tanzen" die „Coolen" in unserem Zimmer.

Wir sind den ganzen Tag auf den Beinen und wir haben keine Zeit, wie von allen gedacht, irgendetwas zu schreiben.

Jeden 2. Tag muss ich wegen Heimweh weinen und alle möchten nach Hause. Niemanden interessiert es.

Die ´Musi´ im Zimmer ist voll laut. → Mag ich nicht.

Die einzigen Lichtblicke sind, dass es nur noch zwei Tage sind, dass ich nicht die Einzige bin, die so denkt und dass wenigstens das Eck bei meinem Bett schön ist.

Das Parlament heute war bis jetzt das Beste. Es war wirklich beeindruckend.

Es wundert mich jedes Mal wieder, dass eine A4-Seite von mir geschrieben, eine A5-Seite am Computer geschrieben ist.

Amelie ist nicht mehr die, die sie ist. Sie hat sich voll verändert. Aber ich weiß nicht weshalb. Seit sie zu den „Coolen" gehört, oder zumindest glaubt, dass sie dazugehört, ist sie völlig anders. Sie hat sich ins Nachteil verändert.

Wien soll geil werden und bei uns ist es das volle Gegenteil. Wir haben ständig Stress und miese Laune.

geschrieben am: 30.3.2014 – 4.4.2014

Eliot

Eliot kommt oft zu uns.

Er erinnert mich in letzter Zeit öfter an Kam, und ich denke dies ist nicht so gut.

Er verdreht dir gerne deine Wörter im Mund, sodass es dann für ihn besser ist.

Bei meinem Opa hat er, glaube ich, einen sehr guten Posten. Jedoch habe ich keine Ahnung weshalb.

Oft fühle ich mich für ihn verantwortlich. Wie wenn er mein kleiner Bruder wär´.

Und auch Mum sieht sich als verantwortlich für ihn.

Er kennt sich jetzt schon so gut bei uns aus, dass er schon so ziemlich alles machen kann.

Teils nimmt er sich auch schon Sachen ohne dass er genauer fragt. „Ein kleiner Anstoß an das und es reicht doch schon, ich brauche doch eh nicht mehr", so kommt es mir oft vor.

Eliot geht jetzt schon in die 5. und seine Noten sind nicht die Besten. Sein Konzentrationsvermögen ist nicht sehr ausgeprägt. Er konzentriert sich öfter eine kleine Zeit lang, aber dann ist er völlig wo anders. Und dies ist nicht nur bei schulischen Themen so, sondern eigentlich überall.

[Meine jetzige Einstellung zu ihm (bei uns): Er wird unrespektvoll. Fühlt sich bei uns schon wie zu Hause. → Unverschämt!!!!!!!!!!!]

geschrieben am: 11.5.2014

Kennt ihr dies?

Ich habe das Gefühl, als würde ich meiner besten Freundin im Weg stehen. Ich meine, mir kommt vor, wenn sie wollte, dann könnte sie sicher ´beliebt´ sein.

Aber dann denke ich, ist sie ein zu guter Mensch, dass sie dann gleich Schuldgefühle hat, und deswegen dies nicht tut.

Ich weiß nicht was genau sie will, aber ich weiß, dass sie viel könnte.

Mir kommt auch vor, als würde sie es als Pflicht sehen mir zu Helfen und meine beste Freundin zu sein. Und es scheint mir öfter so als bedrückt sie etwas, jedoch, immer wenn ich sie frage ob etwas ist, meint sie Nein. Also, wenn sie es mir nicht sagen will, dann eben nicht. Es ist ihr Leben, sie muss damit klar kommen, nicht ich. Ich meine ja nur sie muss nicht wegen mir auf Sachen verzichten. Ich komme schon klar.

Wisst ihr etwas? → Wenn ja, dann sagt mir bitte Bescheid. - Danke.

31

Nun, wie soll ich ihr klarmachen, dass sie eh „gehen" kann. Schließlich muss jeder selbst stehen, und wenn man´s nicht kann, muss man´s wohl lernen.

Ich weiß echt nicht was ich tun soll.

Geschrieben am: 11.12.2013

Wörter: 205

Luxus

Was ist Luxus? - Für viele ist Luxus Urlaub in einem 5-Sterne-Hotel (Suite) mit 5-Sterne Essen und so.

Für andere wäre ein warmes Wasser (oder/) und „fließendes Wasser" schon ein Luxus. - Es kommt immer auf den Blick an. WIe jemand aufgewachsen ist, was man gewöhnt ist.

Für mich ist Luxus zum Beispiel, dass ich eine nette Familie, Freunde, Tiere, genug Essen & Trinken, ein Haus mit Dach, Heizung und Strom habe. Ich weiß mein Leben zu schätzen, auch wenn man es hin und wieder nicht glaubt. Ich bin wirklich sehr, sehr dankbar für das was ich alles habe und für das was mir alles offen steht.

Viele, so scheint es, müssen das neuste Handy und die besten Mode-Klamotten besitzen um in Luxus zu schmoren.

Luxus ist das was die Meisten unter normalen Leben verstehen. Doch denkt einmal an die Armen, die die nichts haben. Die jeden Tag überlegen was sie am Nächsten essen. Die kein sauberes Trinkwasser zur Verfügung haben.

Was ist für euch Luxus? - Ist es das was ihr habt? Oder dass was ihr nicht habt?

Haben wir was wir brauchen? - Brauchen wir was wir haben?

- Ich finde diese beiden Fragen sagen so ziemlich alles aus.

Überlegt und sagt mir ev. Bescheid. :)

geschrieben am: 27.5.2014, 2045

JS-Alm

Ich weise alle zurück. Alle die mir helfen wollen weise ich auf eine sehr unfreundliche Art zurück.

Jedes Mal, wenn von mir verlangt wird zu Denken, kommt Es in den Vordergrund. Ohne Ankündigung, oder ähnliches.

Es lässt sich auch nicht unterdrücken. Jedoch habe ich es ja eigentlich auch schon aufgegeben. Wie soll ich denn auch so stark sein, jeden halben Tag ca. es zu unterdrücken? Ich schaffe ja nicht einmal mich gegen eine kleine, junge, einzelne Person zu stellen, geschweige von einer charakterstarken, oder einer Gruppe.

Egal wo ich bin, oder wann. Es kommt einfach so ´hoch´ und bringt mich auf der Stelle zum Weinen. :(Ich kann nichts dagegen tun.

Schön langsam bin ich so weit mit jemanden zu reden. Aber ich weiß einfach nicht wer der Richtige dafür ist. (Nichts gegen jemanden!)

Mein Klassenvorstand passt einfach irgendwie nicht.

Mein Deutsch-Lehrer ist mir irgendwie zu jung.

Zu meinem ehemaligen Deutsch-Lehrer habe ich zu wenig/eine etwas zu schlechte Bindung.

Alle von meiner Familie gehören ja dazu.

Tiere können mir nicht so gut zurücksprechen.

…………….

geschrieben am: 11.4.2014

x

Ich bin so schlecht drauf, ich kann keine Taten oder Wörter dazu finden.

Heute in der Schule habe ich so ca. den ganzen Tag geweint. Nur wegen Dem.

Anna hat die Texte gelesen. Sie weiß also alles, was sie aus den Texten herauslesen konnte.

Außerdem habe ich heute meine Federschachtel zu Hause vergessen. Ich habe mir Stifte von Anna ausgeborgt. Auch bei der D-SA habe ich nichts gehabt, außer einer Füllferder mit Killer von Anna.

Bei der D-SA, so ca. in der Mitte, verlangte die SA dass ich denke und dann kam die Erinnerung, und ich begann zu Weinen. Ich konnte mir auch nicht mehr konzentrieren. Wie denn auch, es ist zu viel, für mich schlimm.

Fertig wurde ich auch nicht. :(

In Zeichnen erinnerte mich mein Klassenvorstand, dass ich gerne mit ihr reden kann. Und später holte sie mich raus.

Ich weiß nicht was ich sagen soll. Oder mit wem ich sprechen soll/kann ohne, dass ich mich schlecht fühle. – :?

Ich habe keine Ahnung was ich tun soll. In letzter Zeit muss ich viel öfter daran denken, und kann es noch schlechter ignorieren.

Ich bin verzweifelt und hilflos. Weigere mich aber Hilfe anzunehmen oder zu holen.

geschrieben am: 10.4.2014

x

Mich interessiert es einfach nicht mehr. Nichts.

Zu Hause ist das mit der Übergabe und so. Und in der Schule ist es, dass ich einfach nichts mehr verstehe. Ich werde überall schlechter und das Abschlusszeugnis naht. Ich weiß einfach nicht was ich tun soll.

Mir raucht der Kopf. Vor einiger Zeit/vor ca. einem Jahr oder so, habe ich mir das nicht einmal vorstellen können, und jetzt!

Ich habe keine Ahnung was ich bitte falsch mache. - Ist es weil ich Veränderungen verweigere, oder weshalb?

Es ist als würde meine Welt einbrechen!

Gestern ist Frenklin auf die Sommerweide gekommen und wir haben unsere zu die „Blöden" gegeben.

Jetzt sind sie wieder eine gute Anzahl einer Herde, dafür traue ich mich aber nicht mehr rein.

Ich weiß nicht wie ich die anderen einschätzen soll und sie brauchen jetzt wieder ein halbes Jahr bis sei wieder eine richtige Herde sind. Bis die Rangordnung fix verteilt ist und bis jeder jeden kennt & vertraut.

Zuhause habe ich ein Zimmer. Doch wenn mein Bruder in sein Zimmer will, dann muss er durch meins durch. Und das ist sehr blöd, wenn eine Freundin zu ihm kommt und auch so. - Somit fühle ich mich auch dann sinnlos, nutzlos, und nur als VERSCHWENDER.

Ich weiß einfach nicht was ich tun soll, ich verstehe nichts mehr.

Auch Anna ist viel verschwiegener. Als würde sie all ihr Probleme unterdrücken & ignorieren (wie ich versuche).

Mir steigt mein Leben zu Kopf. Weiß nicht was, im Gegensatz zu früher, anders ist.

geschrieben am: 27.5.2014

Im Kopf einer 14-jährigen

weiterführende Schule oder Lehre?

Wenn man in der 7. oder 8. ist, dann kommt die Zeit, wo man sich entweder für eine weiterführende Schule oder eine Lehre entscheiden muss.

In der Schule diskutierten wir in Gruppen was produktiver ist, und ich habe meinen Schulkollegen für eine Lehre umstimmen können. :)

Hier meine Punkte:

In einer weiterführenden Schule bezieht man sich auf einen Beruf und lernt dort die ganze Theorie, wie man was wann machen soll. Doch in finde, auch wenn man die ganze Theorie kann, und weiß, wenn man den Beruf in der Praxis nicht kann, dann ist man in dieser Brosche nicht brauchbar. → Deshalb ist eine Lehre besser.

Du lernst all die Theorie in der Praxis und von deinen Kollegen. Du lernst improvisieren, etwas das du in einer Unterrichtsstunde nicht lernen kannst.

Du lernst deine eigene Technik! - Wie du gut arbeiten kannst. Wie du was tun musst, damit du dein Ziel erreichst. => Es ist wie das Leben!

Deine eigene Technik kann dir kein Unterricht, kein Buch, kein Lehrer, kein Mensch/Lebewesen, und auch kein Film erklären. Du musst sie ganz alleine, selbstständig finden.

Wie gesagt, wenn du all die Theorie kennst, aber diese nicht in die Wirklichkeit umsetzen kannst, dann bringt sich das nichts.

Wenn z.b.: ein Maurer in der Theorie weiß, wie man ein Haus baut, aber es in der Praxis nicht kann, dann ist sein ganzes Wissen leider umsonst.

Denn wenn das Haus bei einem Hauch von Wind, bei Niesel, oder bereits beim Bau zusammenfällt, dann ist es Unnütz. - Es kann niemand darin Schutz suchen oder richtig leben.

Wenn ein Maurer kein Haus bauen kann, dann kann man nicht Maurer zu ihm sagen. / Wenn ein Maurer kein Haus bauen kann, dann hat er es nicht verdient Maurer genannt zu werden!

Ich finde es gut, dass man eine Wahl hat, denn nicht für jeden passt das Eine.

Doch bin ich der Meinung, von einer Lehre mehr zu lernen, als von jeder Schule.

geschrieben am: 3.8.2014

Ein Rätsel

Eines verstehe ich nicht, weshalb sagen uns viele Lehrer / Lehrerinnen in der 5.und 6. Fehler sind Freunde, und ab der 7., dass du keine Fehler machen darfst. Denn wenn du Fehler machst, dann werden dir Punkte abgezogen, somit ergibt sich eine schlechte Note, somit ergibt sich ein schlechtes Zeugnis, somit ergibt sich keine gute Ausbildung, somit ergibt sich wenig Geld, somit ergibt sich Blödheit und ein nicht so hoher & gut bezahlter Job.

Ich finde es extrem gemein, dass sie am Anfang sagen: „Fehler sind Freunde. Aus ihnen kannst du lernen."

(- Es ist wahr.)

Doch sie brauchen trotzdem nicht erst das und dann das andere sagen.

Denn später machen sie uns voll nieder, wenn wir Fehler machen. → „Denk an dein Zeugnis!"

Ich verstehe es einfach nicht.

geschrieben am: 3.8.2014

Darf sie alles?

Luisa (eine Erwachsene HBP-Klientin) war heute wieder da. Sie nimmt immer meine, nachdem sie auch ein Haflinger-Fan ist.

Anscheinend hat sie sogar einen eigenen zu Hause, doch sie kümmert sich nicht darum.

Ihre Stute soll nicht angeritten sein. Man kann sie auch schwer angreifen (vielleicht etwas übertrieben) und beim Hufe geben schlägt sie aus. - Aber sie hat ein Pferd und kann reiten.

In meiner Sicht darf sie fast alles. - Ich finde das unfair.

- Nur weil sie HBP ist, ein Pferd hat und anscheinend reiten kann?

Sie darf mit Zaumzeug. :? Und heute hat meine Mum gesagt sie darf auch ohne Sattel (= mit nichts!). - Das ist doch voll unfair.

Ich weiß nicht warum sie das alles darf.

Ich verstehe es nicht, es ergibt für mich keinen Sinn.

Heute hat Mum zum Ersten Mal Saraja zum HBP genommen.

Sie war völlig überrascht, dass sie das so gut macht.

Katharina (die Betreuerin von Luisa, will auch reiten lernen) ist nun von Mira auf Saraja umgestiegen. Somit muss Mum jetzt immer Anna fragen und ihr dann 10€ fürs Pferd geben.

Anna geht es so wie mir. - Wir sind beide nicht begeistert, dass irgendwer auf unseren Pferden reitet.

Doch bei Anna sind es nicht so viele und nicht mit Zaumzeug.

Ich versuche etwas mit Sila aufzubauen, und dann reiten immer irgendwelche auf ihr und hauen vielleicht wieder was zusammen, das ich gerade ihr zu lernen versuche.

Ich finde das gemein.

Mum geht es sicher mit Mira genauso, und Sila ist schon erfahrener. Doch trotzdem.

Ich weiß, dass Sila dazu besser passt, als Mira. Mira ist ja noch in Ausbildung!

Heute war das Schlimme, dass Mum gesagt hat, dass Luisa ohne Sattel reiten darf.

geschrieben am: 5.8.2014

x

Ich möchte wieder einmal weinen.

Es kommt mir vor, als würde Mum so etwas wie eine Pechsträhne haben. Mira hat vielleicht (hoffentlich nicht!!!!!!!!!!!!!!!!) PSSM, das ist so eine blöde Muskelkrankheit. Außerdem ist irgendetwas mit Dad. Ich weiß nicht was, aber er hat irgendein physisches Problem. Und er sagt auch nicht persönlich was er hat, lässt sich nicht wirklich helfen und ja.

Ich habe wieder mal (oder noch immer) keine Ahnung was ich tun soll.

Anna ist meine beste Freundin, ich sage ihr wirklich alles, außer das, wo es mir schwer fällt darüber zu reden.

Was soll ich tun? Wie soll ich mir, Mum oder Dad helfen?

geschrieben am: 10.8.2014

Der kleine Hahn

Der kleine Hahn ist im Hof aufgewachsen. Seine Mutter war mit ihm fast seine ganze Kindheit dort, und nun will Dad ihn verjagen, verbannen und aus-+einsperren.

Für mich und den Hahn ist der Hof sein Zuhause. Dieser kleine, junge Hahn möchte nur in seinem Zuhause sein, und stellt damit eben auch manches an, wie wir!

Wie soll ich den anderen das mit dem Zaun ausreden?

Alle wollen die Hühner hinter einen Zaun sperren, nur das es dann für sie besser aussieht und sie irgendwas erreicht haben. - Das ist doch Schwach(sinn).

geschrieben am: 23.8.2014

x

Alle haben ein Problem. Nichts ist mehr längere Zeit ruhig und schön.

Mum motzt immer Dad an und dann rennt er davon, weil er nichts besseres weiß. Und weil er denkt es sonst noch schlimmer zu machen. Eigentlich ja gut. Und Mum ist dann immer noch sauerer.

Mir fehlen dann immer die Worte. Ich möchte es dann immer ausgleichen und wieder in Ordnung bringen, aber ich weiß nicht wie.

Außerdem geht gerade, meiner Sicht nach, viel nicht so wie es soll. Mira hat Fußweh und ich komme nicht mehr damit klar, dass andere auf Sila reiten.

Weiß irgendwer wie ich mich verhalten soll? Bitte.

Alles ist komisch. Nichts ist wie es war und ich bin immer noch nicht bereit genug meinen Lebensabschnitt beiseite zu legen. ....

geschrieben am: 15.8.2014

x

Mum ist garntig, weil sie in einer Zwickmühle ist.

Sie hat entdeckt, dass Mira Anzeichen auf PSSM hat (→ das ist eine Muskelkrankheit) (→ Gott sei Dank, hat sie dies nicht!).

Meine hat sich vom Gurt aufgewetzt und ist nun ein wenig offen. Außerdem kommt es mir vor, als hätte sie zwar Respekt, doch sie nimmt mich nicht ganz ernst.

Wir haben nur noch 5 Pferde, davon kann man 2 nicht recht reiten. – Für Mira sind wir zu groß, und Frenklin ist zu jung.

Es war nicht gut, dass wir Leptira besuchten!

Mum und ich trauern jetzt noch mehr nach als vorher.

Sie spiegelt Mum. Sie ist Mum´s Pferd.

Ich weiß nicht wie ich Mum helfen soll. Ihr richtiges Pferd (meiner Sicht) hat sie hergegeben. Zwar an einen sehr guten Platz, doch sie vermisst sie.

Ihr anderes Pferd hat Fußweh oder so etwas und kennt sich nicht aus, wenn sie auf irgendjemanden hören soll, der nicht einmal selber weiß, was er tut oder will.

Wie soll ich ihr helfen!!!????

geschrieben am: 10.8.2014

x

Ich verstehe nicht, weshalb Mum nichts sagt, wenn (z.B.:)
statt 2 Kinder plötzlich 3 oder 4 kommen, und auch reiten
wollen.

Für mich wäre es eine Unverschämtheit & Stress. Es ist nicht
in Ordnung, wenn die tun was sie wollen. Außerdem sollte
man ja dann alle 4 beaufsichtigen. Und der Betreuer, der mit
war, hat einen einfach so gehen lassen – wohin, wo wir ihn
nicht einmal sahen. :?

Schließlich versuche ich immer die Pferde gut aufzuwärmen
und abzugehen. Mum, so kommt es mir vor, möchte eher den
Kindern viel Spaß bereiten, wo ich mich weniger bemühe. Mir
geht es eher um die Pferde, aus diesem Grund habe ich mich
auch dazu entschlossen mit Reitstunden noch zu warten.

Meine neue Schule

Ich habe mich eigentlich auf diese Schule gefreut, aber es ist
nicht so, wie ich es mir erhofft habe.

Wir müssen immer, in jedem Fach, fast die ganze Stunde, eine
Mitschrift selber schreiben. Und aber die Lehrer stellen ja
Fragen, und darauf sollen wir antworten. Nur bei mir ist das
so, ich versuche, dass ich so schnell und gut wie möglich
mitschreibe und kann dann nicht so schnell auf eine Frage
eingehen. Außerdem bin ich immer gerade beim Überlegen
und sie ist bereits beantwortet.

Ich wollte immer die Lehrer mehr als Kollegen, statt als Lehrer, und jetzt sind sie ja eigentlich auch das, nur nun tue ich mir schwer die Lehrer auch noch als Lehrer anzuerkennen. Das ist der Nachteil. :(

Mir wird meine neue Schule etwas viel. Sie überfordert mich leicht. Ich bin mir nicht sicher warum, aber alles ist so eigenartig neu und anders. -_-

Mir bleibt nur ca. halb so viel Freizeit wie sonst. Und die Lehrer haben eine andere Einstellung, als die, die ich bisher hatte.

Ich möchte und soll weinen, doch ich finde keine Zeit dafür (, deshalb kommt es öfter einfach. Und ich habe noch etwas Schwierigkeiten es aufzuhalten. :´( )

Ich finde keine Zeit mehr freien Kopf zu bekommen!

geschrieben am: 25.9.2014

Was soll ich darüber denken?

In meiner neuen Schule ist alles anders.

Anna, Nora, Elina und ich sitzen fast immer, wenn wir gemeinsame Stunden haben, in einer Reihe.

In Biologie ist es so: Ich, Anna, Nora, Elina.

Und unser Lehrer setzt voraus, dass wir selbstständig mitschreiben. Er redet fast die ganze Zeit. - Dann ist es meist/oft so: Ich schreibe alles unter der Stunde, die ganze Zeit, auf einem Schmierzettel mit. Anna und Nora (zumindest habe ich es so aufgenommen) finden das komisch und eher fast sinnlos. Doch, wenn er einen Satz sagt, den wir aufschreiben sollen, muss ich nicht auf meine Form achten und die anderen schon. Somit habe ich dann meist mehr vom Satz. Somit sieht Anna bei mir nach, damit sie es vervollständigen kann (voll ok!). Dann Nora bei Anna (eig. Auch ok) und dann Elina bei Nora (eig. alles verständlich). Nur, ich finde es etwas fies, wenn es dann alle von mir haben und dies jedes Mal wieder.

Anna ist meine beste Freundin. Aber in letzter Zeit habe ich immer das Gefühl, sie und ich denken vieles ist schon normal und somit fürchte ich, dass wir die Bedeutsamkeit dessen vergessen.

Zu meiner Mum sage ich sehr oft: „Hab´ dich lieb" – So als: „Du bedeutest mir sehr viel."

Und dies wollte ich nun auch schon Mal zu Anna sagen, aber das tat ich dann nicht. - Ich dachte, sie mag es eher nicht und wollte Rücksicht nehmen. Vielleicht falsch. :?

Ich fürchte mich nicht um unsere Freundschaft, aber dass wir sie zu „normal" sehen und etwas zu wenig auf uns gemeinsam achten.

Außerdem weiß ich nicht wo Anna Nora einordnet.

Welche (genaue) ´Beziehung` sie zusammen haben.

Ich weiß noch immer nicht, wo ich Nora genau einordnen soll.
Nora meint, wir sind beide nicht so offen und tun uns deshalb damit so schwer. → Sie bei mir nämlich auch.

Anna ist nicht in derselben Gruppe, wie Nora und ich (in der Schule).

Also glaube ich, sie fühlt sich öfter ausgeschlossen(er) gegenüber Nora und mir. Schließlich können wir uns in den Stunden viel mehr sagen.

Aber Nora ist für mich nur eine gute Freundin, und Anna vergleiche ich durchaus auch mit dem Text: „Nur ein Pferd".

Ich bin mir nicht sicher wie Anna denkt. Ich kann nur hoffen, auch so wie ich.

geschrieben am: 30.9.2014

Dad

Dad wollte mir gerade etwas zeigen, doch ich war fest entschlossen, ich möchte nun ins Bett, auch wenn es nicht lange dauert.

Ich wollte ihn nicht kränken, aber er ist so leicht beleidigt und denkt, wir haben etwas gegen ihn.

Es wird nicht recht besser, zeitweise (stundenweise) zwar schon, doch diese gleichen sich dann wieder aus.

Mum sagt, er wurde so, als ihm das Heim geschlossen wurde, und sie hätte schon alles ausprobiert, ihm zu helfen. - Zuerst glaubte ich es nicht. Aber dies lag wohl daran, dass es mir nicht auffiel.

Nun bereue ich es, es nicht geglaubt zu haben.

Auch ich versuchte nun schon relativ viel, aber es hilft überhaupt nichts. Er wird so zurück geschlossen, dass er sogar seine Familie mehr meidet.

Bei der Jause, zum Beispiel, kommt er sehr oft gar nicht, denn er hat [ja] keinen Hunger. Oder aber, er fängt an und nach ca. 3 Bissen meint er, er mag nicht mehr – er habe keinen Hunger mehr. Und legt die Hälfte des Essens wieder zurück. Oder aber er rennt nach ca. 3 Bissen weg, weil ihn wieder jemand falsch anredete.

Ich weiß nicht was er hat, oder wie man ihm helfen könnte. Es ist egal, wie sehr man sich bemüht, oder anstrengt. Oder wie sehr man versucht ihm zu helfen / ihn wieder mit dem Rest der Familie „zusammen zu schmieden".

Sobald man etwas sagt, oder ihn schief ansieht, nimmt er es als "Verschwörung" und wird sauer und rennt weg.

Vor einigen Tagen bin ich zu ihm hinunter zu den Pferden, und wollte ihn fragen, ob er mit zu Campanile kommt. Doch er sagte, er habe keinen Hunger und bleibe zu Hause. Es war egal wie sehr ich es auch versuchte, er weigerte ab.

Dann nahm er mich, zur Tröstung, in den Arm, umarmte mich und meinte, ich solle nicht traurig sein und ihm tue es Leid.

Dann bin ich zurück, mit Tränen in den Augen, die mir über meine Wangen rollten.

Ich war sehr traurig, und bin es immer noch, aber was sollte ich tun?

Schließlich nahm ihm Mum sogar einen Salat mit. Denn diesen mag er besonders gerne. Und er war völlig ungläubig, dass Mum ihn mitnahm, und nicht ich.

- Es war ganz alleine ihre gute Idee, und er war so überrascht.

Dann sagte er, er hätte es auch alles gegessen, wenn es dreimal so viel gewesen wäre.

Ich weiß echt nicht, was ich davon meinen soll.

Eigentlich tun mir alle Leid. Jeder leidet darunter. Individuell.

Ich denke, jeder gibt sich die Schuld, oder einen Teil davon, und jeder kann nichts dafür.

Ich finde es schade. (Und denke, auch er kann eigentlich / wahrscheinlich nichts (, oder nicht recht etwas) dafür. :S

Es tut mir leid!

geschrieben am: 14.10.2014

Leben nach dem Tod?

Ich habe schon einmal über den Tod nachgedacht, als mein Hund starb.

Ich habe mir überlegt, ob es nach dem Tod ein Leben gibt. Und ich habe mir gedacht, es ist doch traurig, wenn es nach dem Tod kein Leben mehr gibt.

Somit bin ich zu den Entschluss gekommen, dass mir meine Idee sehr gut gefällt. :

Ein Lebewesen muss zwei Leben leben, wobei es sich beim ersten nicht selbst aussuchen darf, was es denn sein möchte. Wenn es dann stirbt, hat es bereits ein Leben von zwei gelebt und muss noch eines. Jedoch bei diesem, darf es sich zwischen einigen Leben entscheiden (Arten).

Wenn es dann wieder stirbt, und beide vorausgesetzten Leben erfüllt hat, dann darf es wählen, ob es wieder leben möchte (wenn ja, dann welche Art (– freie Auswahl)), oder ob es im Himmel bleiben möchte und auf die Lebenden herab schauen. Ihnen helfen, beistehen und sie schützen. (– Ihr Körper wird ihnen entnommen.)

Bei der Seele würde das erste Leben In eine Kammer verschlossen werden, damit sich das Zweite schließlich gut entwickeln kann und Freiraum für das neue Leben hat.

Bei einem dritten Leben würde ebenfalls das Zweite in eine verschlossene Kammer kommen. Um so das Dritte nicht zu stören.

Schließlich, wenn keine weiteren Leben gelebt werden möchten, vereinen sich alle Seelenteile auf einem neutralen Feld. Und sie können auf die noch Lebenden herab blicken und ihnen beistehen.

geschrieben am: 17.10.2014

X

Ich habe schon länger keinen Text mehr geschrieben.

Die Wörter haben mich nicht gefunden. Und wenn sie sich so gut verstecken, tue ich mir auch schwer, sie zu finden.

Seit meiner Kindheit hat sich vieles verändert. Das Meiste ist mir nicht recht aufgefallen, es zog (/lebte) einfach mit mir mit. Es war, als würde es dazugehören. Ich nahm es, als selbstverständlich. Und entschloss mich, es nicht weiter zu beachten.

geschrieben am: 9.9.2014

Mit 15 den Stand einer 35-jährigen?

Ich habe gerade eine Diskussion mit mir geführt, über mein Alter und dessen Aufgabe.

Ich sagte, ich sehe es in meiner jetzigen Lage so, dass ich mit 15 Jahren eigentlich alles schon alleine schaffen sollte. Also, dass alles schon geplant und durchdacht sein sollte und dass ich eigentlich schon viel mehr Erfahrung haben sollte. Dass ich den größten Teil meines Lebensplan schon erfüllt haben sollte, und dass ich alles schon können sollte, und und und. → Das ich mit 15 Jahren den Stand einer 35-jährigen haben sollte.

Aber eigentlich ist das überhaupt nicht so, und es wäre auch nicht lobenswert mit 15 Jahren den Stand einer 35-jährigen zu haben, da dann so viel verloren ginge und die Erfahrungen in der Zwischenzeit von extremer Bedeutung sind.

Ich weiß nicht wie ich auf so etwas komme.

Ich finde einfach, ich weiß zu wenig über das Leben, das ich mir gedacht habe auszuführen zu wollen und möchte mehr über dessen Aufgaben und dem als gesamten erfahren. Ich fühle mich zu wenig vorbereitet!

Ich habe die besten Grundlagen und doch denke ich dem nicht gewachsen zu sein. Es scheint so unerreichbar!

geschrieben am: 02.03.2015, 21:00

x

Ich versuche damit klar zukommen, dass ich aufgegeben habe.

Mir kreist so viel durch den Kopf und trotzdem scheint er von allen Antworten verlassen zu sein.

Ich habe so viele Fragen, aber ich fühle mich, als wären alle Antworten weggelaufen.

Ich denke darüber nach, welche Aufgabe ich in meinem Leben habe, denn ich fühle mich sinnlos, im Moment.

Es kommt mir vor, als würde ich über eine ein-Meter-Mauer steigen müssen, doch ich traue mich nicht. Ich habe Angst, dass ich dann fast alles, was hinter dieser Mauer ist, verlieren würde. Ich weiß es ist Gott sei Dank nicht so, aber es fühlt sich so an.

Einige Meter hinter mir gibt es eine Kreuzung, ich habe bereits überlegt, ob ich eventuell umdrehen sollte, aber meinem Gefühl nach sollte ich die weiteren Schritte, über die Mauer, wagen, um so wieder vorwärts weiter gehen zu können.

Ich denke es haut mich so umher, weil ich mich nicht damit abfinden kann, aufgegeben zu haben. Für mich ist es so unvorstellbar, dass ich dies getan habe, ich kann es nicht glauben. Und umso mehr ich darüber nachdenke, umso mehr bezweifle ich es.

Es fühlt sich alles so unsicher an!

Die Vergangenheit holt einen immer ein. Nur wie kann man sie überwinden, wenn man keine Kraft hat.

Die meiste Kraft verbrauche ich wegen der Schule. Ich gehe in eine Bakip (Kindergartenpädagogin Ausbildung mit Matura) und möchte, im jetzigen Stand, sicher keine Kindergartenpädagogin werden.

Und dann ist da noch die Sache, die immer und immer wieder kommt. Ich dachte, ich habe es geschafft, damit klar zukommen, aber sie holt mich einfach so, ohne Vorwarnung, andauernd wieder ein.

Außerdem denke ich andauernd über meine Zukunft nach, was aus mir werden soll. Ich kann mich einfach überhaupt nicht als „Chefin" oder Hofführerin oder so etwas einschätzen. Wie soll man mich als so etwas akzeptieren? Wie soll ich so etwas nur schaffen? Irgendwie traue ich es mir selbst nicht zu.

Aber das sind noch nicht alle Gründe, es gibt noch mehr, es sind nur die Hauptgründe, die mir jetzt durch den Kopf schwirren.

Ich bin so verwirrt!

Alles in allem liebe ich mein Leben!

Meine Familie (dazu gehören: Familie (Haus), beste und engste Freunde, Tiere) gibt mir Halt und Kraft und unterstützt mich wo sie nur kann und dafür möchte ich mich wirklich bedanken. Das bedeutet mir wirklich sehr viel! DANKE! ♥

geschrieben am: 05.03.2015, Abend

Fasten

Fasten bedeutet im allgemeinem auf etwas verzichten.

Oft wird es in Verbindung mit Essen gebracht, weil wir dort das Wort öfter verwenden, aber es bezieht sich nicht auf Essen. Fasten bedeutet auf etwas zu verzichten, um sich so besser kennen zu lernen, um so seine Empathie aus zu reifen, um so zu erkennen, dass man auch alles hat, auch wenn man auf einen kleinen Teil Luxus verzichtet. Fasten hilft zu verstehen was das Wichtigste in Deinem Leben ist, um zu sehen was man alles nicht bräuchte um trotzdem alles zu haben. Fasten auf einem richtigen Weg, ist der Weg zu einem selber!

Ich finde Fasten bedeutet nicht immer auf etwas zu verzichten, es bedeutet einfach sich im Klaren zu werden was das Wichtigste ist.

Ich habe eigentlich noch nie so bewusst gefastet, aber ich verstehe den Sinn und denke oft darüber nach, somit bin ich der Meinung habe ich die Grundidee verstanden und ausgeführt.

Es ist nicht wichtig wie viel man fastet, es ist wichtig, dass man danach einen Unterschied merkt. Man sollte sich dann besser fühlen, einen kleinen Schritt weiter bei sich und einen Schritt weiter in der Erfahrung sein.

Das Wichtigste ist die Selbsterkenntnis, dass man sich akzeptiert wie man ist.

geschrieben am: 08.03.2015, 20:30 – 20:40

Beten

Um zu Beten muss man nicht die Hände falten, in einer Kirche sein oder ein besonderes Ritual druchführen. Um zu Beten muss man bei sich sein und Beten wollen. Beten ist eine Art sich mit Gott zu unterhalten, aber man muss dabei nicht immer reden. Reden bedeutet nicht immer reden! Man kann auch einfach mit den Gedanken schweben, sich leiten lassen und in die Zeit eingehen. Beim Beten ist Platz für alles, für deine Sorgen, Trauer, Bitten, Danken, Freuden, Wünsche, Fragen, ... einfach für alles. Bei Gott ist alles sicher, er wird es nicht verraten, Gott ist ein Vater.

Beten bedeutet nicht nur Gott zu nähern, man nähert sich auch sich selbst. Ich denke, Gott ist eine Überleitung zu sich selbst, um sich selbst besser zu verstehen.

Beten hilft Kraft zu schöpfen, Kraft für den weiteren Tag, Kraft für die Hindernisse im Leben.

Beim Beten geht es darum nachzudenken, alles noch einmal genauer zu betrachten. Es hilft klar zu werden und manche Probleme besser zu überwältigen.

Beten gibt das Gefühl von Sicherheit und hilft freier zu werden.

geschrieben am: 08.03.2015, 2040 – 2055

Dad 2

Mein Dad ist mein Dad. Doch so wie es jetzt ist weiß ich oft nicht wie ich mich verhalten soll. Er regt sich oft sehr stark auf und streitet dann mit meiner Mutter darüber, oder zumindest haben sie eine sehr laute und auch manche starken Diskussionen. Wobei auch oft die Türen knallen.

Heute ging es um alte Sessel, bei denen wir nicht genau wissen, ob sei antik sind, oder nicht. Mein Bruder möchte in der nächsten Zeit eine der beiden kleinen Garagen ausräumen und dabei alle alten, nicht mehr verwendete Möbel, darunter diese Sessel (und ein Kasten), zusammenschneiden. Mein Vater ist der Meinung, dass diese Sessel sehr viel wert sind, sowie antik. Doch, ich weiß nicht, es herrschen nur Meinungsverschiedenheiten und niemand akzeptiert das, was der andere sagt. So wird eben nur ein

Konflikt, der sehr schwer wieder zu lösen ist. Mein Vater versuchte zuerst mit uns zu sprechen, um diese Sessel eventuell im Dachboden unterzubringen. Aber schließlich suchte er drei von sechs Sessel zusammen, die, die er fand und quartierte sie in sein Auto ein, da er sonst keinen Ort wusste, wo er sie unterbringen könnte. Er meinte, in seinem Zimmer ist kein Platz mehr und sonst würde nichts ihm gehören.

Ich weiß nicht genau was ich tun soll, schließlich verstehe ich meinen Vater sehr gut, weiß aber ohnehin, dass egal was ich/man tue/tut keine korrekte Lösung gefunden werden kann.

Meine Mum hat gesagt sie habe schon alles versucht (bereits im vorigem Text – siehe: Dad). Wir sollen ihn nicht so ernst nehmen, er suche etwas zum spinnen, aber ich denke nicht, dass wir aufgeben sollen! Jedoch weiß ich auch nicht wie wir ihm helfen könnten, oder was wir tun sollten. Auch meine Brüder nehmen es schon sehr gelassen, wobei ich mir nicht sicher bin, ob es am Alter oder woran es liegt.

Mein Dad sagte heute, er meine meine Mutter höre ihm nicht mehr zu; ich finde das extrem traurig.

Ich musste mir in der heutigen Diskussion zweimal die Tränen und das Weglaufen zurückhalten, weil ich nicht sehr gut ertrage, wie sie sich gegenseitig beschimpfen, es ist einfach nicht ehe-mäßig.

Wie auch immer, ich kann es schlecht ändern, die anderen auch und es ist wie es ist. Ich hoffe es wird wieder alles gut und wir bleiben für immer zusammen!

geschrieben am: 31.03.2015, Abend

x

Ich fühle mich verwirrt, weil alles wieder passen würde und dies ist seit langer Zeit wieder neu. Irgendwie suche ich jetzt nach etwas, weil mir eine Aufgabe fehlt, oder so etwas. Sonst hatte ich immer noch etwas, worüber ich mir Gedanken machen musste und jetzt wäre alles wieder einigermaßen OK und ich bin so doof mich davon verlieren zu lassen. Es ist, als wäre mein Kopf hilflos, nur weil wieder alles anders ist.

Ich verstehe mich nicht, weshalb ich nicht mit einfachen Dingen klarkomme, ohne daraus wieder alles zu komplizieren und schwieriger zu machen. Warum brauche ich immer 1000 Dinge in meinem Kopf und beschwere mich dann wieder, weshalb ich keine Ruhe im Kopf habe? In dieser Sicht ist meine Denkweise echt unverschtändlich. Zuerst möchte ich weniger Gedanken, oder zumindenst möchte ich sie geordnet. Und wenn dann kein Chaos mehr wäre, vermisse ich es.

Ich bin es einfach nicht mehr gewöhnt.

Heute, also in der Zeit, möchte ich immer an etwas Denken. Meine Gedanken nützten und Diskussionen über sinnvolle Themen mit sinnvollen Argumenten bewältigen. Aber ich bin nicht in der Lage meine Gedanken auf etwas zu richten, das nicht in rund 15 Minuten ausgedacht ist. Ich könnte denken. Aber ich weiß nicht mit welchem Ziel.

geschrieben am: 16.6.2015

Im Kopf einer 15-jährigen

Welche Aufgabe hat eine 15-jährige?

Die Ferien nahen und ich bin nur voller Verzweiflungen und weiß nicht wie ich sie gestalten soll, weil ich nicht weiß, welches Ziel ich mir setzten soll. Ich meine, für mich ist das Leben nicht mehr ewig weit weg. Ich bin hier und bin voller Überzeugung, dass ich keine Zeit mehr habe über meine Lebensziele und Berufswünsche oder so etwas nachzudenken.

geschrieben am: 8.8.2015

x

Sila hat irgendetwas. Genau das selbe wie auch vor 3 Monaten. Keiner weiß was. Keiner weiß wieso. Jeder steht vor einem Rätsel.

Letztes Mal hatte ich voll die Schuldgefühle, aber dieses Mal nicht mehr. Nun weiß ich schon, dass ich nichts dafür kann und es auch nicht verhindern konnte.

Ich weiß nicht, wie ich damit fertig werden kann.

Was soll ich tun? Wie kann ich ihr helfen? Wieso und weshalb hat sie das? Wie ist es dazu gekommen und wieso hat es sich wiederholt. Und außerdem hat es in einem Film geheißen, dass nichts zweimal auf die selbe Weise passiert. Aber es fühlt sich so gleich an.

Ich habe solche Angst.

Ich habe auch Angst, dass Anna und Saraja uns überholen und besser sind als wir und wenn ich Sila jede rund 3 Monate einen Monat lang stehen lassen muss, dann werden sie uns überholen und für Mum ist es auch blöd. Sila ist ihr einziges perfektes HBP-Pferd und dann kann sie sie einfach nicht mehr nehmen und wir wissen nicht einmal wieso.

Ich habe Angst. Mir ist bewusst, dass Mum auch Angst hat, aber niemand kann uns helfen. Niemand weiß was sie hat und niemand weiß irgendetwas. Alle sind ratlos und wir stehen da und müssen die Last tragen und zerbrechen uns fast sinnlos den Kopf. Überlegen uns wieso, was könnte helfen, wie tun wir jetzt (...). Und trotzdem kann uns niemand helfen und niemand weiß irgendetwas.

Ich habe meinen guten Glauben, aber was hat Mum?

Ich dachte immer Pferde sind wie ich und umgekehrt und mich kann niemand in denkbarer Nähe überholen. Aber nun scheint es, als würde ich falsch gelegen sein. Jetzt weiß ich wieder nicht was ich für eine besondere „Gabe" im Leben habe. Früher, beziehungsweise im letzten Jahr, dachte ich es sind die Pferde und das Schreiben, aber nun habe ich um meinen Platz im Thema Pferde Angst.

geschrieben am: 7.9.2015

x

Ich bin mir nicht sicher, ob ich mich wie eine gute Freundin verhalte. Ich meine jetzt, bei den Pferden.

Anna und Saraja können jetzt schon ganz ohne Halfter, Strick, Seil oder sonst etwas mit Sattel und Halsring fast perfekt reiten und ich kann nur daneben stehen und zusehen und muss mich für sie freuen. Ich freue mich auch für sie, aber etwas Wut und noch mehr Einfersucht ist in meinem Gewissen durchaus vorhanden. Schließlich ist es mein Traum (und auch ihrer und wahrscheinlich der Traum von fast jedem, aber ich war als Erster dabei und übte hart und so …) und jetzt kann ich Sila nicht nehmen, weil sie ja irgendetwas hat und kann nicht mehr mit ihr weiter üben und ich kann es ja nur mit Sila machen und ich will es eigentlich auch nur mit ihr, sie ist ja mein Pferd! Und jetzt üben Anna und Saraja jeden zweiten Tag Halsring und ich schaue ihnen zu und soll lächeln und mich mit ihnen freuen und sei mit Begeisterung und Freude, und natürlich Spaß, unterstützen. Ich kann es verstehen, aber es ist schwer. Ich war als Erster dabei und jetzt hat sie mich überholt und ich kann sie nicht mehr einholen, weil mein Pferd nicht geht. – Wieso?

Anna ist bei Bodenarbeit mit Saraja auch schon tausendmal besser als ich. Da ist sie wirklich fantastisch faszinierend. Aber das kann ich nachvollziehen und da freue ich mich auch wirklich für sie – nicht nur halb. → Es ist nämlich so: bei Bodenarbeit geht Anna auf: sie liebt es, sie versteht es, sie fühlt es. Aber beim Reiten, also wenn ich auf einem Pferd sitze, dann ist es bei mir so: dann gehe ich auf: ich liebe es, ich verstehe es einigermaßen, ich liebe es!

Aber jetzt beim Halsring habe ich es schon unfair gefunden, dass sie mich vor Monaten schon bei der Bodenarbeit (als Sila das das letzte Mal hatte) überholt hat und jetzt beim Reiten auch schon fast.

Dass sie bei der Bodenarbeit soo große Fortschritte gemacht hat vergönne ich ihr und ich finde es nicht so schlimm, es ist ja Bodenarbeit. Aber jetzt beim Reiten, beim Halsring, finde ich es schon etwas unverständlich / nicht nachvollziehbar, dass sie so viel üben kann und so große Fortschritte macht und ich nicht kann.

Ich meine, könnte ich, dann wäre ich wohl selbst Schuld, aber so ist sie in allem besser und ich kann nur zusehen.

geschrieben am: 8.9.2015

Die letzte Erinnerung

Viele erinnern sich an ihre Kindergartenzeit, an das erste Mal, als man sich sah, an das letzte Mal, oder an so viele andere kurze Geschehnisse. Ich erinnere mich nicht einmal mehr an alles, was gestern war, oder an das, was mich so verschreckte, dass ich nicht einmal mehr richtig klar denken konnte. Bei mir verblassen solche Momente so einfach und oft so schnell. Für mich waren sie selten von großer Bedeutung, und wenn schon, dann hatte ich sie ja. Aber nun fühle ich anders. Nun ist die Erinnerung von der Zeit vor 3 Tagen die Letzte die ich habe und aus Selbstschutz hat mein Körper die Verblassung aufrufen lassen. Ich kann sie nicht verblassen lassen, sie ist die Letzte die mir bleibt!

Sie zeigt uns zum letzten Mal zusammen, gemeinsam, für ein Ziel und ein Ereignis, das mich verzweifeln lassen kann. Es ist die letzte Erinnerung, die ich mit ihr habe. Die Letzte, die wir zusammen haben konnten. Sie ist so traurig und doch bin ich so froh sie zu haben.

Mein Körper versuchte nur auf mich aufzupassen und mich zu beschützen, aber ich war ja so selbst-überzeugt und egoistisch, dass ich die Erinnerung wieder aufgerufen habe und mich so lange und oft bewusst darauf konzentriert habe, bis ich sie wieder vor Augen hatte. Ich weiß nicht, ob es falsch war, oder richtig. Ich weiß nur, dass ich es brauchte. Ich brauchte es, um darüber bewusst zu werden und damit ich ein letztes Bild von ihr habe.

Für mich ist dieses letzte Bild sehr wichtig!

Es tut weh und ist hart, aber ohne den Tod gibt es kein Leben. Und ohne den Tod wäre das Leben nicht so lebenswert.

Ich liebe dich, und du wirst für immer in meinen Herzen einen Platz haben! <3

geschrieben am: 13.9.2015

Dieser Text hat seinen Ursprung von unserer heutigen Religionsstunde. Unser Lehrer gab uns den Auftrag, ein eigenes Glaubensbekenntnis zu verfassen, und das kam bei mir raus.:

Mein Eigenes Glaubensbekenntnis

„Wenn jemand fragt, wofür Du stehst."

Ich glaube daran, dass Gott weiß was er tut und ein Sinn hinter jeder seiner Tat steckt.

Ich glaube daran, dass es einen Tod geben muss, um dem Leben einen Wert zu geben.

Und ich glaube daran, dass jeder von uns eine Aufgabe hat, eine Aufgabe für sich.

Ich glaube an Gott, den allmächtigen Vater, weil ich an etwas glauben muss, um mein Leben auch leben zu können. Den Tag zu überstehen und richtige Taten entscheiden und treffen zu können.

Ich glaube, um Kraft zu holen, um alles verstehen zu lernen.

Ich glaube, um die Zuversicht für die Zukunft nicht zu verlieren.

Und ich glaube, an das ewige Leben, ohne den vernichtenden Tod.

Ich glaube, an das Auferstehen der Toten, für die Lebenden.

Ich glaube, an den Frieden der Welt, um die Wirklichkeit zu verdrängen.

Ich glaube, an das Licht der Wirklichkeit und der Phantasie.

Und ich glaube, an das Licht des Heiligen Geistes, der die Menschen zu erhellen hilft.

Außerdem glaube ich, an die Wunder des Glaubens.

AMEN.

geschrieben am: 6.10.2015

x

Es ist Mittagspause und ich dachte mir, ich könnte doch einfach etwas schreiben damit die Zeit vergeht.

Anna ist gerade nach Hause gefahren und Nora geht mit anderen zum Meci, weil wir zwei Stunden Zeit haben, weil Chemie ausfällt. Also bin alleine mit anderen in der Schule geblieben.

x

Ich möchte schreiben und ich sollte schreiben, doch ich hatte nie Zeit gefunden. Nun habe ich zwei Stunden Mittagspause und somit Zeit gefunden, doch jetzt finde ich keine Worte mehr.

Ich denke an alles Traurige der letzten Wochen und versuche meine Gedanken ins Leere zu führen, aber es wand mich nur in ein Loch voller Fragen der Trauer und Enttäuschungen. Ich verstehe einfach nicht weshalb sie gehen musste. Ich denke und trauere dabei, aber ich darf nicht weinen, weil dann meine Schulkolleginnen fragen und mir helfen wollen würden und ich kann es ihnen nicht sagen und es würde sich nichts bringen.

Seit der Sache mit der Übergabe habe ich irgendwie gelernt mit Gedanken und selbst-reden zu Denken und nicht mehr so

65

viel mit geschrieben Worten. Irgendwie finde ich es traurig und möchte es mir wieder umgewöhnen, andererseits finde ich es aber hin und wieder hilfreich, weil es weniger Alleinsein benötigt.

Ich weiß nicht wie ich mein Leben sehen soll. Ich schreibe nicht mehr so gut und denke nicht mehr so gut und viel wie früher. Es hat sich verändert.

Ich meine, klar, es muss sich manches verändern, aber wieso eigentlich? Manche Dinge könnten doch auch so bleiben, oder? Was denkt ihr?

Wenn ich denke, dann denke ich so viel und so durcheinander, es hat einfach keine Ordnung, kein System wie ich es durchgehen soll. Wahrscheinlich ist es so, weil ich denke, dass ich wegen der Schule und meinen Lebensplan keine Zeit zum Denken habe, obwohl ich Zeit hätte und sie so dringend brauchen würde. Ich möchte dann immer alles gleichzeitig überdenken und so schnell wie möglich eine Antwort. Und gleichzeitig hänge ich an der Vergangenheit und lasse nicht los. Immer wieder, immer öfter denke ich an Sila und jedes Mal wird mir die Realität klarer. Es ist für mich so traurig und ich hätte damit einigermaßen umgehen können, aber nachdem ich immer und immer wieder an sie denke und sie einfach nicht mehr in echt sehen und reiten kann, mache ich es mir selbst immer schwerer.

Rose ist toll, und wir kommen jetzt auch schon super klar, aber sie ist nicht Sila. Ich kann sie, zum Beispiel, nicht einfach irgendwo hinstellen und sie bleibt da einfach und wartet bis ich wieder komme oder ihr etwas anderes sage.

Ich beklage mich andauernd über meine Probleme und Schwierigkeiten, aber ich achte kaum auf die der anderen. Ich nehme sie war, ich weiß, dass es sie gibt und dass sie sie genauso belasten wie mich und ich versuche auch zu helfen, aber ich kann sie nicht verschwinden lassen und das akzeptiere ich, bei den der anderen. Bei mir versuche ich jedes Mal aufs Neue sie zu umgehen und irgendwie versuche ich den Schwierigkeiten ein schlechtes Gewissen zu machen, oder sie so zu verwirren, dass sie freiwillig gehen.

Ich weiß nicht, wie ich auf diese Weise komme, oder wie ich mir so etwas überhaupt vorstellen kann, aber es ist so. (Ich weiß, das Probleme – oder wie man sie nennen will – kein Gewissen haben.)

nächster Punkt, über den ich schon längst hätte schreiben sollen:

Nora und Anna werden jetzt in ein paar Wochen schon 16 und das lassen sie mich so richtig spüren. Ich habe noch über ein ganzes halbes Jahr Zeit und mir ist es echt ziemlich egal, aber ihnen anscheinend überhaupt nicht – vor allem Nora.

Ich weiß, sie freuen sich nur schon so riesig darauf und können es kaum mehr erwarten bis sie 16 sind, aber ich kann das überhaupt nicht nachvollziehen, mir ist das so egal ob ich 16 oder 15 bin, für mich ändert es nichts (– zumindest jetzt). Außerdem bin ich gerade sehr froh noch länger nicht 16 zu werden, denn dann hieße das, dass ich noch ein Jahr älter wäre und auch dementsprechend ein Jahr mehr Erfahrungen, Reife, Wissen und so weiter erhalten haben müsste und das habe ich noch nicht.

Nora und Anna freuen sich schon darauf und schmieden schon Pläne für deren und dann meine 16.Geburtstags-Party. Aber die Sachen, die sei bei mir vorhaben – und mir momentan auch oft genug vorsagen – will ich gar nicht (→ zumindest noch nicht!). Sie sind voll in Stimmung und geben mir das Gefühl, dass ich Schuld bin, dass ich noch nicht 16 bin und dass ich es ändern soll, nur damit sie ihren 16.Geburtstag besser „FEIERN" können, oder so etwas, was weiß denn ich schon – ich bin ja so unreif..... . Ich finde es so was von unfair, dass sie es mir mindestens jede Woche auf die Nase reiben und ich aber darüber froh bin. Mir kommt es so vor, als würden sie mich umstimmen wollen, sodass auch ich 16 sein möchte, oder was weiß denn ich schon?

Ich finde es einfach scheiße! (normalerweise verwende ich solche Wörter nicht)

Ich weiß nicht, was sich mit 16 ändert. Man darf dann gesetzlich Ausgehen, kommt in Clubs hinein und darf Alkohol trinken, aber sonst? — Für mich, ich bin ja auch noch lange nicht 16 ... , ist das momentan echt nicht relevant. Mir ist das so egal.

Ich weiß nicht, was ich noch alles schreiben soll, es läuft ja eh alles auf das selbe hinaus, das ihr nun wahrscheinlich nicht mehr lesen könnt.

Ich denke, es ist einfach nur gerade so schlimm und so ein Thema und hoffe, sowie glaube, dass es sich sicher in einigen Wochen wieder legt.

geschrieben am: 5.10.2015 & 13.10.2015

(Nora, Anna: Es tut mir echt Leid was ich da alles geschrieben habe, aber das ist das, was momentan in meinem Kopf wirrt.)

Meine Prioritäten bleiben meine Prioritäten

Heute in der Schule haben sich Anna und Nora über mich lustig gemacht, weil ich „falsche Prioritäten" habe, nur weil ich ein allbekanntes Wort von der Politik immer falsch interpretiere und mich nicht wirklich in dessen Sinn interessiere.

Ich versuche in das Gute der Welt zu glauben und mich nicht mit Kriegen, Politik und „schwarzen Gedanken" befassen möchte. Für mich sind das keine Themen, sie zerstören nur meine guten Blickseiten der Welt.

x

Ich schreibe gerade meine Texte ab und dabei komme ich immer wieder in Schuldgefühle, weil mir gerade auffällt, wie ich so wenige Male betont habe, wie wichtig mir Sila mir ist und war.

Ich habe mein halbes Leben mit ihr geplant und hatte mit ihr „Schwebegefühle der Freiheit" und ich lieb(t)e sie wirklich von Herzen und nun ist sie nicht mehr da.

Aber es kommt mir

x

Jeder hat seine eigene Art mit einer Stresssituation umzugehen. Die einen drehen durch, laufen weg, schmeißen alles hin und her, machen etwas kaputt, und und und, jeder hat seine Art. Meine ist es glaube ich mich zu verkriechen. Ich möchte alleine sein, möchte von jemanden meines Vertrauens eine Antwort und versuche mich einfach so gut wie möglich wieder zu beruhigen. Das kann manchmal eine Zeit dauern.

Gerade bin ich in etwas so Ähnlichem. Ich muss mich entscheiden, ob ich von der Schule aus die weiteren Jahre eine Zusatzausbildung machen möchte oder nicht. Eigentlich schon! Aber ich weiß nicht, ob ich es dann auch durchziehen kann, ohne dabei auf der Kippe zu stehen – im Durchfallen in der Schule oder im physischen Zusammenbruch.

Ich möchte diese Zusatzausbildung machen, aber ich möchte es dann auch wirklich schaffen.

Meine Mum dachte, wenn ich sie nicht mache, dann habe ich weniger Stress und Last. Ja, schon, aber erst nächstes Jahr, oder auch nicht, basiert dann darauf wie sehr ich der Chance nachhänge. Ich weiß nicht, es ist eine einmalige Chance die man eigentlich nutzen müsste, aber ich zweifle weil ich mir nicht sicher ob es auch wirklich durchhalte und schaffen werde und wenn ich das nicht tue / schaffe, dann brauche ich zu geschätzte hundert Prozent einen Psychopathen der mir dann hoffentlich irgendwie wieder ein Leben einredet.

Ich habe eine Lebensplanung. Ich gehe in die HS, dann in die Bakip, dann studiere ich veterinär Medizin, dann gehe ich einige Jahre arbeiten um Geld zu verdienen, und dann mache ich mit meiner besten Freundin Anna eine Pferdehof auf.

Bis jetzt hat sich der Plan so verändert: Ich gehe in die HS – ist abgeschlossen. Dann bin ich in die Bakip hineingekommen, dies beinhaltete aber auch dass ich die Zusatzausbildung Hortpädagogik und alles was es sonst noch gibt dazumache, so dass ich so viele Ausbildungen und Versicherungen wie möglich habe. Nun, jetzt bin ich in der 2. Klasse Bakip und muss mich entscheiden.

Meine Mum hat mir heute gesagt, eigentlich habe ich mich schon entschieden, denn ein Nein möchte ich nicht hören. Es ist nur, dass ich dann eigentlich ja drei verschiedene Berufe gleichzeitig lernen möchte, und das mit 16 Jahren. Drei.

Für mich sind Pferde das Wichtigste und sie sollen es auch immer bleiben! Wenn ich aber die Zusatzausbildung mache, dann habe ich in der 5. Klasse zum Beispiel jeden Tag, außer einen flexiblen, bis 17Uhr Schule und komme dann um 18Uhr nach Hause und muss dann noch Hausübung machen, lernen, für Praxis vorbereiten und Sonstiges machen. Somit fürchte ich, dass ich dann zu wenig Zeit für meine Pferde habe, obwohl es auch jetzt schon laufend immer mehr anders wird, da ich, keine Ahnung, erwachsen werde oder so. Nur weil ich in eine höhere Klasse gehe, wird immer mehr von einem erwartet, ich weiß, in diesem Bereich geht es jedem so.

Es ist nur, ich bin mir nicht sicher wie ich in einigen Jahren darüber denken und entscheiden würde und genau dies fehlt mir bei der Entscheidung, die gefühlten Gefühle der Zukunft bezüglich der Entscheidung. Ich weiß, andere finden es blöd und / oder dämlich dass ich wegen soetwas so viele Gedanken mache und Stress bekomme und durchdrehe, aber so ist, ich möchte es ja nicht einmal in diesem Ausmaß, aber es ist so und ich finde es in genauerer Betrachtung auch gut dass ich mir so viele Gedanken über meine Zukunft mache und meinen Lebensplan ausführen möchte, nur ist es für eine 15-jährige die sowieso gerade keine Nerven für Probleme hat, einfach etwas viel.

Ich möchte meinen Lebensplan nicht über den Haufen schmeißen, nur weil ich Schieß hab'.

Er existiert seit der 3. Klasse Volksschule und hat seitdem nur kleine Veränderung. Wie: (da habe ich vorher nicht weitergeschrieben): dass ich statt dem Studium eventuell 3 Jahre Arbeite und in dieser Zeit die Ausbildung zum heilpädagogischen begleiten mit Pferd und Tieren mache und dass ich mir mit dem Studieren nicht sicher bin (war ich mir aber noch nie!!) und dass etwas realistische Probleme aufkommen 'könnten'.

Ansonsten hat sich der ganze Plan noch nicht wirklich, im groben, geändert!

Es ist mir wichtig, dass ich stabil bin, bleibe und sein werde. Das bedeutet, dass ich nicht wegen irgendeiner blöden Kleinigkeit alles wegwerfe und weglaufe.

Ich möchte diesen Pferdehof ausprobieren, ob es etwas wird oder nicht weiß ich nicht, und es ist mir momentan auch nicht das Wichtigste, dass ich mir versichern kann, dass er etwas wird, es ist mir gerade aber von extremer Bedeutung dass ich an meinen Plan standhalte.

Dieser Lebensplan hat meine letzten Jahre so gefestigt und stabilisiert, ich kann ihn jetzt nicht einfach aufgeben und wegwerfen, nur weil ein Teil nicht meiner geplanten Vorstellungen entspricht, oder weil mir mein Bruder das mit dem eigenen Hof, den ich mir mit Anna kaufen möchte, ausreden will, weil er mir helfen will. Es ist nett gemeint, und ich freue mich, dass er mich im Leben unterstützen möchte, aber indem er mir eine der einzigen Stabilitäten die mich in der Zeit mit „Dem" stabilisiert haben, weg nimmt, ist es zwar nett gemeint, aber der Zeitpunkt ist nicht der richtige, indem er mir das sagen möchte und ich immer und immer mehr darin vertieft werde und mich darauf konzentriere, weil es Zukunft ist und Vorstellungen sind, ich kann mit ihnen noch tun was ich möchte und niemand kritisiert und korrigiert sie und es hat noch keine Konsequenzen, wenn ich sie unrealistisch oder falsch gestalte, ich kann sie immer wieder verfeinern und sie selbst korrigieren und, ich kann einfach alleine darin sein, alleine mit meinen Vorstellungen.

geschrieben am: 19.1.2016

x

Gestern und vorgestern war ich krank, also bin ich nicht in die Schule gegangen und heute auch nicht. Eigentlich habe ich mir für gestern vorgenommen, dass ich Schreibe, aber anscheinend ist das nichts geworden, also muss ich es heute nachholen. Ich möchte Schreiben! Nur bin ich es Leid mich immer über alles zu beschweren. Immer wenn ich an das Schreiben meiner Texte denke, habe ich Druck auf mir, selbst gemachten, und genau dieser gehört weg. Er kommt davon,

weil ich immer perfekt schreiben möchte und allen zeigen
möchte, dass ich das wirklich kann, dass mir niemand etwas
anderes sagen oder einreden kann. Dass ich eine perfekte
Sprache draufhabe und dass ich gut schreibe, wirklich gut,
und dass ich mit gesprochenen Wörtern top bin, dass ich
etwas draufhabe. Und genau das sind die Gedanken, die mir
immer im Kopf schwirren, sobald ich auch nur daran denke,
und ich weiß, dass ich manche meiner Texte niemals
übertreffen kann, aber obwohl dem Wissen, möchte ich es
schaffen und das verschafft mir Druck und hindert mich an
weiteren tollen Texten die auch Sinn machen und etwas
mitgeben und die zum sinnvollen Denken anregen oder
zumindest dazu fähig wären.

Ich suche auf Willhaben einen Haflinger, aber ich und meine
Mum wissen, dass es noch zu früh ist, und ich nur einen
suche, weil ich sie zurück haben möchte und das ist nicht
möglich, leider.

Mit der Entscheidung wegen der Zusatzausbildung der Schule
bin ich noch immer nicht wirklich weiter. Ich habe eine Pro
und Contra – Liste gemacht und natürlich gibt es mehr Pro,
aber ich zweifle trotzdem sehr. Eigentlich bin ich gerade eher
geneigt, keine Zusatzausbildung zu machen, weil mir dann
einfach mehr Zeit für die Pferde bleibt und ich möchte auch
Ausbildungen machen, in einem Alter in der ich noch in diese
Schule gehe, die einfach auch ziemlich viel Zeit machen und
Ausbildungen für Pferde sind. Ich weiß nicht, ich werde schon
sehen. Anna habe ich gefragt, sie sagte sie würde es an

meiner Stelle schon machen, und ich will ja, aber ich bin mir einfach zu unsicher wegen meinem physischen Zustand.

Dann habe ich momentan auch das Problem, dass ich zu Menschen anscheinend etwas zu direkt bin. Mira, eines unserer Pferde, hat nun eine Reitbeteiligung, und die fühlt sich hin und wieder etwas von mir angriffen und fürchtet sich fast vor mir oder so, sind Gerüchte. Und dass wollte ich nie, ich möchte doch nicht, dass sich Leute vor mir fürchten, sie sollen mich schätzen und respektieren und nicht fürchten. Und so schlimm fand ich mich ja auch nicht. Oke, ja, ich war schon etwas sehr aufgezogen, direkt und zickig und grob, und vielleicht auch knapp über dem Rahmen, aber das war und ist keine Absicht!

Nun möchte ich deswegen einen Benimm-Kurs und mir das wieder abgewöhnen und wieder lernen mich besser unter Kontrolle zu bekommen, auch und ganz speziell unter Stresssituation. Nur ist das nicht so leicht, wenn man Schwierigkeiten hat sich das selbst wieder zu lernen, weil man es ja nicht gemerkt hat. Und meine Mum habe ich darum gebeten, sie sagte, es sei nicht so schlimm, der Mensch, der mich so zusammengestellt hat, sei nur sehr sensibel und möge mich eh. Und half mir nicht, obwohl ich denke, dass ich es auch wenn es nicht so schlimm ist, nicht nicht bräuchte und es mir sehr wohl helfen und weiterbringen würde. Aber gut, das wird wieder, das ist nur Pubertät.

Dann habe ich gerade auch noch ein Problem mit meinem Deutschlehrer. Er hat einen völlig anderen Schreibstil wie ich und um so mehr korrigierte Hausübungen oder Texte ich von ihm zurückbekomme, um so mehr verstehe ich ihn nicht. Meine Mum versucht mich zu beruhigen, aber das hilft nur wenig. Wir müssen ein Buch lesen, er hat es uns vorgestellt und wir, die Klasse, hat dann zugestimmt. Ich finde dieses Buch so schlecht geschrieben. Der Schreibstil ist einfach so circa genau das Gegenteil von meinem. Nur die Bücher, die auf Mundart geschrieben sind haben einen noch schlechteren Schreibstiel, sonst fällt mir gerade nichts ein. Es ist so unspektakulär, so modern geschrieben. Ich kann mich damit nicht anfreunden und er mag es. Ich habe bis jetzt schon 50 Seiten gelesen und nur ein Satz hat einen schönen Konjunktiv gehabt, der mir gefällt. Ansonsten war nichts, was auch nur irgendwie lobenswert gewesen wäre, wie ich es in meinen Texten zu schreiben versuche. Ich versuche eine schöne alte Sprache hinein zu bekommen und schöne, komplizierte Sätze zu schreiben. Nichts davon ist in diesem Buch auch nur annähernd ausgeführt. Aus diesem Grund finde ich es nicht zwingend schlecht, aber persönlich auf jeden Fall.

Was ich aber auch noch sagen muss, er versucht, was einen guten Lehrer ausmacht, nicht seine persönlichen Gefallen der Texte zu bewerten, sondern wirklich die Fehler und Defekte entsprechend zu korrigieren und zu bewerten. Und das ist es, was meiner Meinung nach, einen guten Lehrer ausmacht! Nicht wie die Lehrerin die ich letztes Jahr hatte, sie hatte auch ihre persönlichen Gefallen mit bewertet und das ist nicht fair. Aber ich mochte meine alte Lehrerin irgendwie mehr. Sie hatte so einen Schreibstiel wie ich, zumindest mochte sie meine Texte, zumindest die bei den Schularbeiten. Sie lernte uns Grammatik, zwar hart, aber für mich sinnvoll. Seitdem überlege ich jedes mal, wenn ich einen Konjunktiv-Satz bilde, ob er stimmt oder nicht. Ich fand sie für mich eine tolle Lehrerin, sie lernte mir etwas und fand gut was schrieb. Aber es kann natürlich auch sein, dass dies nicht halten würde und keine Ahnung. Sie förderte mich und lernte mir Grammatik, die ich verwenden kann. Mein jetziger Lehrer hat mit uns erst eine Stunde Grammatik gemacht und diese hat mir nichts gebracht und habe sie auch nicht verstanden. Er bereitet uns ewig auf unsere Schularbeiten vor, meine alte Lehrerin hat uns eine, höchstens zwei, Stunden auf die Schularbeiten vorbereitet und wir haben keine Übungstexte geschrieben, außer einen, den sie uns am selben Tag eine Stunde vor der Schularbeit zurückgegeben hat und wir mussten die Fehler gleich richtig in der Schularbeit korrigieren, ohne sie vorher mit ihr besprochen zu haben. Bei meinem jetzigen Lehrer schreiben wir X-Übungs-Texte und er korrigiert sie alle, gibt sie uns rechtzeitig wieder zurück, wir können mit ihm darüber sprechen, wenn wir möchten und ja, er bereitet uns sehr darauf vor, aber sie tat das nicht. Es ist einfach, weil er nicht so einen Schreibstiel hat wie ich und sie mir Grammatik beibrachte, möchte ich sie wieder. Aber er benotet wenigstens fair oder versucht es zumindest. Und was bei ihm auch noch toll ist, er gibt uns mindestens einmal pro Jahr einen Feedback-Fragezettel, den wir anonym ausfüllen dürfen und den er dann wirklich jeden einzelnen lest und zu berücksichtigen versucht.

Meine Oma ist in letzter Zeit etwas gestresst. Mein Opa ist von einer OP wieder nach Hause gekommen und seitdem ist sie etwas nervöser und gestresster als normal, aber das ist verständlich.

Meine Mum hat nun ihr letztes Praktikum begonnen. Es ist ganz komisch, sie schichtelt jetzt und muss oft Nachtdienste machen und hat komische, blöde Arbeitsschichten. Es ist komisch.

Weil meine Mum eine kurze Zeit gearbeitet hat und gleichzeitig in die Schule gegangen ist und dann noch krank war, gab sie alle ihre ReitschülerInnen auf oder an mich weiter und ich leitete die ganze Sache mit den Pferden. Seitdem blieb das irgendwie. Mum meinte vor einigen Tagen, dass ich das sicher schon gewohnt habe, nein, das habe ich nicht. Für mich ist das irgendwie immer noch neu. Ich finde es nicht schlecht und mache es gerne, aber komisch ist es auch, ich habe einen Teil der Verantwortung bekommen und viel ReitschülerInnen und bin jetzt irgendwie sozusagen bei der Leitung der Pferde dabei. Es ist cool und super, weil ich extrem viel dabei lerne, aber es auch neu und eine kleine Herausforderung und was wirklich anders dabei ist, es ist etwas neues und ich fürchte mich nicht davor sondern freue, mache es gerne, bin gespannt darauf, gehe offen darauf hin. Es ist eine unglaubliche Chance, ich bekomme ReitschülerInnen und darf selbst wirklich viel und die Regelungen machen und ... ich durfte das auch früher schon, aber jetzt ist es irgendwie mehr, es ist meine Mum gibt alles ab und ich übernehme es, genau das was mein Bruder auch tat.

geschrieben am: 2.2.2016, ca 1 ½ Stunde am Nachmittag

x

Heute ist es so weit, ich habe endlich wieder einmal Zeit um
zu schreiben. Gestern habe ich es geschafft außer Haus zu
kommen, seit langer Zeit. Ich war nur selten so froh einmal
wieder außer Haus zu kommen, wie gestern. Es ist gerade
sehr stressig für mich Zuhause. Mein Pferd hat einen recht
tiefen Kratzer in einem Auge und somit müssen wir alle zwei
Stunden eine Salbe hinein schmieren. Somit habe ich nur
wenig Zeit für mich und stehe meist unter Stress. Außerdem
habe ich das Gefühl das ich die Verantwortung dafür habe,
wenn sie nicht geschmiert wird, und das macht mich etwas
fertig. Aber es ist nicht schlimm, im Gegensatz zu manch
anderen Sachen ist das noch eines der Geringsten. Wegen
dem kann ich auch nicht mehr reiten, zumindest in dieser
Zeit. Zwar könnte ich Mum´s Pferd nehmen und das wäre
super, aber es ist, dass Mum´s Pferd irgendwie auf Mum
abgestimmt ist und wir uns nicht so gut verstehen, im Bezug
auf was der andere meint und sagen möchte und probiert
und der andere versteht es immer noch nicht was der andere
meint und ja. Es ist einfach, dass Mira und ich nicht so
wirklich zusammenpassen.

Ich habe so etwas wie ein Problem mit Nora. Eigentlich
glaube ich, dass wir uns mögen. Aber irgendwie verstehen wir
uns auch nicht.

Nora und ich haben einen völlig anderen Schreibstil. Was sie
schreibt gefällt mir nicht und umgekehrt. Aber ich finde das
zwar schon sehr nervig und hasse es zu lesen was sie

geschrieben hat, aber ansich habe ich nichts dagegen und akzeptiere es.

Nur war es jetzt so: Wir haben in der Schule im Deutschunterricht eine Geschichte schreiben müssen und waren in einer Gruppe (mit anderen) und dann haben wir sie in unserer Freizeit fertig stellen müssen und dann war es so, dass Nora nachher in der Schule meinte, dasss sie nichts geschrieben hat, weil sie darauf wetten konnte, dass ich es gelöscht hätte – ja, es stimmt, dass ich es sicher nicht geliebt hätte, aber ich hätte es zu hundert Prozent nicht gelöscht!!! Und das finde ich schon unfair, es ist zwar fair, dass sie sagt, dass es mir nicht gefallen hätte, aber nicht dass ich es gelöscht hätte, denn das stimmt nicht.

Mum sagte mir vorgestern, dass es nicht meine Aufgabe ist, mich um alles um die Pferde zu kümmern und dass sie ein schlechtes Gewissen hat, weil ich nicht schlafen konnte, weil sie in der Arbeit war und ich mich um die Sachen um die Pferde gekümmert habe und eben auch die Verantwortung ein wenig mit übernahm und eben ihre Arbeit übernahm, beziehungsweise übernehme, wenn sie nicht da ist.

Es macht mir nichts, wenn ich mich um die Pferde kümmere, auch wenn es über die Nacht ist. Es ist ja nicht so dass ich alles alleine machen würde. Am Vormittag, wenn Mum und ich nicht da sind, macht mein Bruder alles und auch am Nachmittag hilft er mir sehr oft. Es ist eher die Frage wie wir alles machen, wenn Mum, mein Bruder, mein Dad, mein anderer Bruder und ich nicht da sind. Oma und Opa haben Pause, sie sollten es nicht machen.

Mir geht das Reiten ab, also nicht nur die Arbeit mit den Pferden, die habe ich ja, sondern das Reiten selbst, das auf einem Pferd sitzen und es zu spüren, durch und durch, und es zu sein. Oben sitzen ist das wichtige. Mit dem Pferd verschmelzen.

In der Schule denken fast alle Lehrer, dass man nicht zu tun hat außer die Schule. Ich weiß nicht wie das bei den anderen ist, aber ich habe auch außerhalb der Schule sehr viel zu tun.

Wie es jetzt gerade ist, mit der Verletzung meines Pferdes, stehe ich schon am Morgen früher auf, damit ich sie noch versorgen kann, komme dann immer so schnell wie möglich wieder nach Hause und versuche stets den frühst möglichen Bus zu nehmen. Dann komme ich nach Hause und das erste was ich tue, ist dass ich frage wann wer das letzte Mal die Salbe schmieren war. Dann zieh ich mich um und gehe, je nach dem wann ich wieder muss, gleich oder gleich nach dem Essen zu Rose um sie zu versorgen. Dann mache ich meist etwas für die Schule, sehe ständig auf die Uhr ob ich eh noch nicht wieder gehen muss und mache wieder weiter etwas für die Schule. Also besteht mein Nachmittag aus Rose versorgen und Schule, oder eventuell auch Stall ausräumen, wenn die Pferde über die Nacht drinnen waren und Mum oder mein Bruder noch nicht ausgeräumt haben.

Somit: Nichts außer Schule ist nicht mein Fall. ;)

geschrieben am: 16.3.2016

& mehr

15.11.2015

Alles steht Kopf

Irgendwie steht fast alles auf den Kopf. Ich bin komisch, vor allem zu Anna, aber eigentlich nicht absichtlich. Es ist nur gerade sehr verwirrend in meinem Kopf und ich weiß nicht was ich sagen soll oder wie ich auf das kleinste Zucken einer Fliege reagieren soll. Ich möchte in meinem Leben etwas erreichen, und dies erfolgreich. Aber ich möchte auch auf dem Weg dorthin erfolgreich etwas absolvieren und gerade bin ich wieder in einer Phase, in der ich meinen Plan anzweifle, dass er überhaupt jemals funktionieren kann und ich will nicht daran zweifeln, es zerstört einfach alles, wenn ich daran zweifle.

Ich war heute reiten, wie fast jeden Tag, nur heute war ich nicht gut drauf und das hat man sofort auch bei Rose gemerkt, auch sie war sofort wieder blöd, zickig, launisch drauf. Aber eigentlich ist das nur von mir gekommen. Als ich dann nach ein paar Runden Galopp kurz wieder fröhlich war, war auch sie gleich wieder ganz anders, fröhlicher. Aber als das „Kurz" vorbei war, war es auch bei Rose vorbei. Sie erinnert mich teilweise an Ostwind, daran, dass Pferde, manche mehr, manche weniger, wie ein Spiegel sind. Sie zeigen, was du fühlst. Sie tun, was du denkst. Es ist toll, nur hin und wieder auch ein weniger weniger.

Zumindest habe ich gerade Unklarheit in meinem Kopf und weiß nicht wie ich damit umgehen soll. → An alle, denen ich

es gerade schwer mache, es tut mir leid und ich arbeite
(schon) daran.

13.12.2015

Ich liebe das Schreiben, ich liebe die Pferde, ich liebe das
Denken, ich liebe meinen Traum, und ich liebe mein Leben.
Aber doch meckere ich umher und zertrümmere fast meinen
Kopf und alles umher.

Ich liebe das Schreiben, aber ich übe so viel Druck auf mich
aus, dass ich es nicht mehr so oft, gerne und gut tue. Jedes
Mal, wenn ich schreiben möchte, denke ich daran, dass ich
mein Buch endlich fertig bringen möchte und es aber noch zu
wenig Seiten hat und deswegen kein Buch ist und es aber
endlich eines werden soll und endlich fertig werden soll!

Ich bin so wütend auf mich. Ich versuche perfekt zu sein. Ich
versuche standzuhalten, egal was kommt. Ich versuche
keinen Fehler zu machen, weil jede Tat, sei sie auch nur
winzig, eine ganze Kettenreaktion auslöst. Ich weiß nicht
mehr was ich tun soll. Ich möchte sogar schon meine
Gedanken und Mimik und im Grunde eigentlich schon alles
kontrollieren können, damit ich Falsches, egal was – „alles",
so gut wie möglich vermeiden verhindere. Aber dadurch
mache ich es eigentlich nur noch schlimmer, aber das
verstehe ich einfach nicht, das bringe ich nicht in meinen Kopf
rein. Es ist alles doof. Ich fühle mich als würde ich mich völlig
überfordern, indem ich alles kontrollieren möchte und
niemand nimmt mir diese Last ab.

Ich weiß nicht mehr weiter, also geistig.
Ich weiß nicht mehr für was ich das alles mache, also schon,
aber irgendwie auch nicht.

Die Schule mache ich für eine Ausbildung, für die Matura, für
meinen Lebensplan und für einen Notausweg.
Das Pferdetraining mach ich für mich, für die Freude, die es
mir bringt, für die Pferde, für meinen Lebensplan
und für: meine Gedanken: alles.

Das ständige sich innerlich gegen alles wehren mach ich für
den Ausgleich, dafür, dass ich die Zeit für mich nicht
übersehe, dafür dass ich auch noch etwas anderes habe, oder
so.
Das sich innerlich gegen alles wehren fällt mir erst seit ganz
kurzer Zeit so auf, aber ich weiß nicht wirklich woher es
kommt.

Die Schule ist mir nicht egal! Nur gerade nicht besonders
wichtig. Sie steht nicht im Mittelpunkt. Ich hoffe nur überall
durchzukommen und ein gutes Zeugnis zu erhalten.
Die Pferde stehen im Mittelpunkt. Fast all meine Gedanken
sind für die Pferde. Egal was ich denke, es hat fast immer eine
Verbindung zu den Pferden.

Ich weiß nicht wieso, ich habe Angst. Vor so vielem! Zum
Beispiel, dass das mit dem Hof nichts wird, dass wir all unser
Geld hineinstecken und dann Schulden haben und der Hof
Pleite geht und der Betreib kaputt ist. Dass alle Kraft was
wir/ich hineingesteckt haben/habe umsonst war.

Mum will Dad wieder zur Vernunft bringen, aber ich weiß nicht wie und sie eigentlich, glaube ich, auch nicht recht. Sie versucht alles, aber es hilft nicht wirklich. Schön langsam finde ich ihn auch schon etwas komisch. Ich habe es ja ewig nicht mitbekommen. Zuerst war es noch nicht so schlimm und dann war DAS (Hofübergabe) und erst dann habe ich es mitbekommen, irgendwie schäme ich mich dafür und hin und wieder mache ich mir sogar deshalb Vorwürfe.

Mein Kopf ist voll, völlig voll, voll mit Überforderung.

17.1.2016

20:35 – 20:45 Uhr

Wie soll ich mich entscheiden?

Eigentlich sollte ich schlafen, aber ich kann nicht, ich weine ohne, dass ich wirklich weiß weshalb, weil mir so viele Unklarheiten durch den Kopf gehen.

Ich muss mich in der Schule zwischen Früherziehung, Hortpädagogik oder nichts entscheiden.

Früherziehung fällt schon einmal weg, weil ich so kleine Kinder eigentlich nicht so sehr liebe.

Hortpädagogik würde ich extrem gerne lernen und es war für mich eigentlich auch schon seit ein paar Jahren entschieden, dass ich Hort wähle, aber eine Freundin hat gesagt sie habe eine Schülerin aus der fünften Klasse gefragt und die habe gesagt, dass sie nun jeden Tag bis 17Uhr Schule habe und das macht mich unsicher. Ich möchte es wirklich gerne nehmen, aber ich weiß einfach nicht ob ich jeden Tag bis 17Uhr Schule durchhalte.

Ich meine, dann habe ich nur noch zwei Tage (Wochenende) für Pferde Zeit und auch in diesen muss ich dann sehr viel für die Schule tun. – 2 Tage für Pferde ist mir zu wenig!

2.2.2016, ca 1 ½ Stunde am Nachmittag

Gestern und vorgestern war ich krank, also bin ich nicht in die Schule gegangen und heute auch nicht. Eigentlich habe ich mir für gestern vorgenommen, dass ich Schreibe, aber anscheinend ist das nichts geworden, also muss ich es heute nachholen. Ich möchte Schreiben! Nur bin ich es Leid mich immer über alles zu beschweren. Immer wenn ich an das Schreiben meiner Texte denke, habe ich Druck auf mir, selbst gemachten, und genau dieser gehört weg. Er kommt davon, weil ich immer perfekt schreiben möchte und allen zeigen möchte, dass ich das wirklich kann, dass mir niemand etwas anderes sagen oder einreden kann. Dass ich eine perfekte Sprache draufhabe und dass ich gut schreibe, wirklich gut, und dass ich mit gesprochenen Wörtern top bin, dass ich etwas draufhabe. Und genau das sind die Gedanken, die mir immer im Kopf schwirren, sobald ich auch nur daran denke, und ich weiß, dass ich manche meiner Texte niemals übertreffen kann, aber obwohl dem Wissen, möchte ich es schaffen und das verschafft mir Druck und hindert mich an weiteren tollen Texten die auch Sinn machen und etwas mitgeben und die zum sinnvollen Denken anregen oder zumindest dazu fähig wären.

Ich suche auf Willhaben einen Haflinger, aber ich und meine Mum wissen, dass es noch zu früh ist, und ich nur einen suche, weil ich sie zurück haben möchte und das ist nicht möglich, leider.

Mit der Entscheidung wegen der Zusatzausbildung der Schule bin ich noch immer nicht wirklich weiter. Ich habe eine Pro und Contra – Liste gemacht und natürlich gibt es mehr Pro, aber ich zweifle trotzdem sehr. Eigentlich bin ich gerade eher geneigt, keine Zusatzausbildung zu machen, weil mir dann einfach mehr Zeit für die Pferde bleibt und ich möchte auch Ausbildungen machen, in einem Alter in der ich noch in diese Schule gehe, die einfach auch ziemlich viel Zeit machen und Ausbildungen für Pferde sind. Ich weiß nicht, ich werde schon sehen. Anna habe ich gefragt, sie sagte sie würde es an meiner Stelle schon machen, und ich will ja, aber ich bin mir einfach zu unsicher wegen meinem physischen Zustand.

Dann habe ich momentan auch das Problem, dass ich zu Menschen anscheinend etwas zu direkt bin. Mira, eines unserer Pferde, hat nun eine Reitbeteiligung, und die fühlt sich hin und wieder etwas von mir angriffen und fürchtet sich fast vor mir oder so, sind Gerüchte. Und dass wollte ich nie, ich möchte doch nicht, dass sich Leute vor mir fürchten, sie sollen mich schätzen und respektieren und nicht fürchten. Und so schlimm fand ich mich ja auch nicht. Oke, ja, ich war schon etwas sehr aufgezogen, direkt und zickig und grob, und vielleicht auch knapp über dem Rahmen, aber das war und ist keine Absicht!

Nun möchte ich deswegen einen Benimm-Kurs und mir das wieder abgewöhnen und wieder lernen mich besser unter Kontrolle zu bekommen, auch und ganz speziell unter Stresssituation. Nur ist das nicht so leicht, wenn man Schwierigkeiten hat sich das selbst wieder zu lernen, weil man es ja nicht gemerkt hat. Und meine Mum habe ich darum gebeten, sie sagte, es sei nicht so schlimm, der Mensch, der mich so zusammengestellt hat, sei nur sehr sensibel und möge mich eh. Und half mir nicht, obwohl ich denke, dass ich es auch wenn es nicht so schlimm ist, nicht nicht bräuchte und es mir sehr wohl helfen und weiterbringen würde. Aber gut, das wird wieder, das ist nur Pubertät.

Dann habe ich gerade auch noch ein Problem mit meinem Deutschlehrer. Er hat einen völlig anderen Schreibstil wie Ich und um so mehr korrigierte Hausübungen oder Texte ich von ihm zurückbekomme, um so mehr verstehe ich ihn nicht. Meine Mum versucht mich zu beruhigen, aber das hilft nur wenig. Wir müssen ein Buch lesen, er hat es uns vorgestellt und wir, die Klasse, hat dann zugestimmt. Ich finde dieses Buch so schlecht geschrieben. Der Schreibstil ist einfach so circa genau das Gegenteil von meinem. Nur die Bücher, die auf Mundart geschrieben sind haben einen noch schlechteren Schreibstiel, sonst fällt mir gerade nichts ein. Es ist so unspektakulär, so modern geschrieben. Ich kann mich damit nicht anfreunden und er mag es. Ich habe bis jetzt schon 50 Seiten gelesen und nur ein Satz hat einen schönen Konjunktiv gehabt, der mir gefällt. Ansonsten war nichts, was auch nur irgendwie lobenswert gewesen wäre, wie ich es in meinen Texten zu schreiben versuche. Ich versuche eine schöne alte

Sprache hinein zu bekommen und schöne, komplizierte Sätze zu schreiben. Nichts davon ist in diesem Buch auch nur annähernd ausgeführt. Aus diesem Grund finde ich es nicht zwingend schlecht, aber persönlich auf jeden Fall.

Was ich aber auch noch sagen muss, er versucht, was einen guten Lehrer ausmacht, nicht seine persönlichen Gefallen der Texte zu bewerten, sondern wirklich die Fehler und Defekte entsprechend zu korrigieren und zu bewerten. Und das ist es, was meiner Meinung nach, einen guten Lehrer ausmacht! Nicht wie die Lehrerin, die ich letztes Jahr hatte, sie hatte auch ihre persönlichen Gefallen mit bewertet und das ist nicht fair. Aber ich mochte meine alte Lehrerin irgendwie mehr. Sie hatte so einen Schreibstiel wie ich, zumindest mochte sie meine Texte, zumindest die bei den Schularbeiten. Sie lernte uns Grammatik, zwar hart, aber für mich sinnvoll. Seitdem überlege ich jedes Mal, wenn ich einen Konjunktiv-Satz bilde, ob er stimmt oder nicht. Ich fand sie für mich eine tolle Lehrerin, sie lernte mir etwas und fand gut was schrieb. Aber es kann natürlich auch sein, dass dies nicht halten würde und keine Ahnung. Sie förderte mich und lernte mir Grammatik, die ich verwenden kann. Mein jetziger Lehrer hat mit uns erst eine Stunde Grammatik gemacht und diese hat mir nichts gebracht und habe sie auch nicht verstanden. Er bereitet uns ewig auf unsere Schularbeiten vor, meine alte Lehrerin hat uns eine, höchstens zwei, Stunden auf die Schularbeiten vorbereitet und wir haben keine Übungstexte geschrieben, außer einen, den sie uns am selben Tag eine Stunde vor der Schularbeit zurückgegeben hat und wir mussten die Fehler gleich richtig in der Schularbeit korrigieren, ohne sie vorher mit ihr besprochen zu haben. Bei meinem jetzigen Lehrer schreiben wir X-Übungs-Texte und er korrigiert sie alle, gibt sie uns rechtzeitig wieder zurück, wir können mit ihm darüber sprechen wenn wir möchten und ja, er bereitet uns sehr darauf vor, aber sie tat das nicht. Es ist einfach, weil er nicht so einen Schreibstiel hat wie ich und sie mir Grammatik beibrachte, möchte ich sie wieder. Aber er benotet wenigsten fair oder versucht es zumindest. Und was bei ihm auch noch toll ist, er gibt uns mindestens einmal pro Jahr einen Feedback-Fragezettel, den wir anonym ausfüllen dürfen und den er dann wirklich jeden einzelnen lest und zu berücksichtigen versucht.

Meine Oma ist in letzter Zeit etwas gestresst. Mein Opa ist von einer OP wieder nach Hause gekommen und seitdem ist sie etwas nervöser und gestresster als normal, aber das ist verständlich.

Meine Mum hat nun ihr letztes Praktikum begonnen. Es ist ganz komisch, sie schichtelt jetzt und muss oft Nachtdienste machen und hat komische, blöde Arbeitsschichten. Es ist komisch.

Weil meine Mum eine kurze Zeit gearbeitet hat und gleichzeitig in die Schule gegangen ist und dann noch krank war, gab sie alle ihre ReitschülerInnen auf oder an mich weiter und ich leitete die ganze Sache mit den Pferden. Seitdem blieb das irgendwie. Mum meinte vor einigen Tagen, dass ich das sicher schon gewohnt habe, nein, das habe ich nicht. Für mich ist das irgendwie immer noch neu. Ich finde es nicht schlecht und mache es gerne, aber komisch ist es auch, ich habe einen Teil der Verantwortung bekommen und viel

ReitschülerInnen und bin jetzt irgendwie sozusagen bei der Leitung der Pferde dabei. Es ist cool und super, weil ich extrem viel dabei lerne, aber es auch neu und eine kleine Herausforderung und was wirklich anders dabei ist, es ist etwas Neues und ich fürchte mich nicht davor sondern freue, mache es gerne, bin gespannt darauf, gehe offen darauf hin. Es ist eine unglaubliche Chance, ich bekomme ReitschülerInnen und darf selbst wirklich viel und die Regelungen machen und … ich durfte das auch früher schon, aber jetzt ist es irgendwie mehr, es ist meine Mum gibt alles ab und ich überneheme es, genau das was mein Bruder auch tat.

16.3.2016

Heute ist es so weit, ich habe endlich wieder einmal Zeit um zu schreiben. Gestern habe ich es geschafft außer Haus zu kommen, seit langer Zeit. Ich war nur selten so froh einmal wieder außer Haus zu kommen, wie gestern. Es ist gerade sehr stressig für mich Zuhause. Mein Pferd hat einen recht tiefen Kratzer in einem Auge und somit müssen wir alle zwei Stunden eine Salbe hinein schmieren. Somit habe ich nur wenig Zeit für mich und stehe meist unter Stress. Außerdem habe ich das Gefühl, das ich die Verantwortung dafür habe, wenn sie nicht geschmiert wird, und das macht mich etwas fertig. Aber es ist nicht schlimm, im Gegensatz zu manch anderen Sachen ist das noch eines der Geringsten. Wegen dem kann ich auch nicht mehr reiten, zumindest in dieser Zeit. Zwar könnte ich Mum´s Pferd nehmen und das wäre super, aber es ist, dass Mum´s Pferd irgendwie auf Mum abgestimmt ist und wir uns nicht so gut verstehen, im Bezug auf was der andere meint und sagen möchte und probiert und der andere versteht es immer noch nicht was der andere meint und ja. Es ist einfach, dass Mira und ich nicht so wirklich zusammenpassen.

Ich habe so etwas wie ein Problem mit Nora. Eigentlich glaube ich dass wir uns mögen. Aber irgendwie verstehen wir uns auch nicht.

Nora und ich haben einen völlig anderen Schreibstil. Was sie schreibt gefällt mir nicht und umgekehrt. Aber ich finde das zwar schon sehr nervig und hasse es zu lesen was sie geschrieben hat, aber ansich habe ich nichts dagegen und akzeptiere es.

Nur war es jetzt so: Wir haben in der Schule im Deutschunterricht eine Geschichte schreiben müssen und waren in einer Gruppe (mit anderen) und dann haben wir sie in unserer Freizeit fertig stellen müssen und dann war es so, dass Nora nachher in der Schule meinte, dasss sie nichts geschrieben hat, weil sie darauf wetten konnte, dass ich es gelöscht hätte – ja, es stimmt, dass ich es sicher nicht geliebt hätte, aber ich hätte es zu hundert Prozent nicht gelöscht!!! Und das finde ich schon unfair, es ist zwar fair, dass sie sagt, dass es mir nicht gefallen hätte, aber nicht dass ich es gelöscht hätte, denn das stimmt nicht.

Mum sagte mir vorgestern, dass es nicht meine Aufgabe ist, mich um alles um die Pferde zu kümmern und dass sie ein schlechtes Gewissen hat, weil ich nicht schlafen konnte, weil sie in der Arbeit war und ich mich um die Sachen um die Pferde gekümmert habe und eben auch die Verantwortung ein wenig mit übernahm und eben ihre Arbeit übernahm, beziehungsweise übernehme, wenn sie nicht da ist.

Es macht mir nichts, wenn ich mich um die Pferde kümmere, auch wenn es über die Nacht ist. Es ist ja nicht so dass ich alles alleine machen würde. Am Vormittag, wenn Mum und ich nicht da sind, macht mein Bruder alles und auch am Nachmittag hilft er mir sehr oft. Es ist eher die Frage wie wir alles machen, wenn Mum, mein Bruder, mein Dad, mein anderer Bruder und ich nicht da sind. Oma und Opa haben Pause, sie sollten es nicht machen.

Mir geht das Reiten ab, also nicht nur die Arbeit mit den Pferden, die habe ich ja, sondern das Reiten selbst, das auf einem Pferd sitzen und es zu spüren, durch und durch, und es zu sein. Oben sitzen ist das wichtige. Mit dem Pferd verschmelzen.

In der Schule denken fast alle Lehrer, dass man nicht zu tun hat außer die Schule. Ich weiß nicht wie das bei den anderen ist, aber ich habe auch außerhalb der Schule sehr viel zu tun.

Wie es jetzt gerade ist, mit der Verletzung meines Pferdes, stehe ich schon am Morgen früher auf, damit ich sie noch versorgen kann, komme dann immer so schnell wie möglich wieder nach Hause und versuche stets den frühst möglichen Bus zu nehmen. Dann komme ich nach Hause und das erste was ich tue, ist dass ich frage wann wer das letzte Mal die

Salbe schmieren war. Dann zieh ich mich um und gehe, je nach dem wann ich wieder muss, gleich oder gleich nach dem Essen zu Rose um sie zu versorgen. Dann mache ich meist etwas für die Schule, sehe ständig auf die Uhr ob ich eh noch nicht wieder gehen muss und mache wieder weiter etwas für die Schule. Also besteht mein Nachmittag aus Rose versorgen und Schule, oder eventuell auch Stall ausräumen, wenn die Pferde über die Nacht drinnen waren und Mum oder mein Bruder noch nicht ausgeräumt haben.

Somit: Nichts außer Schule ist nicht mein Fall. ;)

11.5.2016

Eliots Ente

Elloth ist vor einigen Tagen mit einer jungen Wildente vorbeigekommen, besser gesagt er hat sie gerettet und zu uns gebracht. Eliot sagte sie sei ihren Geschwistern und ihrer Mutter nicht mehr nachgekommen, da sie in ein Schwemmbecken gefallen war und nicht mehr raus konnte. Somit hat er sie gerettet und da er nicht wusste wohin er sie bringen sollte, weil er sich nicht rund um die Uhr um sie kümmern konnte, brachte er sie zu uns. (Natürlich nahmen wir sie liebevoll auf.)

Zunächst wollt er sie entweder zu sich mitnehmen, tat er dann aber nicht, da er eben nicht rund um die Uhr Zeit für sie hatte. Somit blieb sie bei uns in der Küche, weil es dort warm war und Eliot fragte gleich am nächsten Morgen ob sie eh noch lebe und wie es ihr ginge. Am Nachmittag kam er sie dann besuchen, weil es ja SEINE Ente ist. So war es ungefähr zwei Tage. Am dritten Tag kam er „nur" nachmittags. Schließlich wollte meine Oma schon die ganze Zeit ein paar Entchen und so fanden wir nach Wochen jemanden, der kleine Enten hatte und wir fuhren welche holen. Da die kleine Wildente schon ziemlich groß und kräftig wurde und somit ihr Käfig zu wenig Auslauf bat, gaben wir sie zu den anderen kleinen Enten zu einer Mutterhenne, dass sie eine Mutter und Geschwister bekam. Der Ente gefiel dies sehr gut, dass aus unserem Plan, es bei einem Ausflug zu belassen, nicht wurde und sie beisammen blieben. (Die anderen Entenküken sind übrigens nur ungefähr ein paar Tage bis zu einer Woche jünger als das Wildentenküken.) Als wir es am nächsten Tag Eliot erzählten, da er wieder zu Besuch war, war er (sehr) SEHR traurig und zwar so traurig, dass er den ganzen halben Tag nichts sagte oder aß, erst viel später „besinnte" er sich wieder. Er verstand es zwar und konnte es gedanklich(!) nachvollziehen, aber er hatte RIESIGE Pläne mit ihr, wollte sie handzahm, wenn möglich zu einer „Therapie-Ente" ausbilden und wollte mit ihr spazieren gehen und und und -> sehr viele, sehr große Pläne. Und weil wir der Ente unwiderrufliche Freude erbracht (und uns Arbeit erspart) haben, wurde er so traurig, sodass er sogar weinte. Ich kann das verstehen, nur zu gut, aber es ist für alle Beteiligten so am besten.

11.5.2016

Sportwoche

Ich sitze in unserm Quartier im Eingangsbereich und schreibe, da die Zimmerverteilung nicht meinen Wünschen von früh schlafen gehen berücksichtigt.

Da die erste Nacht so furchtbar war habe ich einen Kompromiss ausgehandelt: bis 22:00Uhr wie sie möchten, dann bis 23:00/23:30Uhr flüstern, zweite Nacht funktionierte (passabel) vorbildlich (es gab Song-Contest-Halbfinale), die dritte Nacht scheint nicht als würde sie „passabel" erreichen. Eigentlich würde ich gerne schon um 21:00Uhr ins Bett gehen, in der Sportwoche bzw. Schulausflugwoche, aber die anderen würden gerne bis rund 1:00Uhr Spaß haben, somit ja … → irgendwie überleben heißt es.

Seit viele 16 Jahre alt geworden sind haben sie ich verändert, ein wenig zumindest. Werde ich auch, kein Zweifel, nur verstehe ich nicht weshalb ich vor meiner Zeit schon so werden soll. Sie, einige von ihnen, versuchen mich öfter an ihrem Insider teilhaben zu lassen, aber meist kriege ich nur am Rande mit um was es ungefähr geht und bin eben körperlich abseits dabei. Für mich ist es schwer, sie feiern und reden und planen schon zwei Wochen vorher über ein Fest und ich sitze da und denke nach wie lange ich noch brauche bis ich so bin. Nunja ich muss erstmals Schluss machen, Bettruhe-Zeit kommt. 😌

12.5.2016

Irgendwie habe ich das Gefühl, dass Nora mich nicht besonders mag. Sehr oft, wenn ich auch nur einfache Gefallen möchte bzw. frage ignoriert sie mich entweder oder sie lehnt es indirekt ab. Ich weiß nicht was ich ihr getan habe!

Viele sind der Meinung ich lege zu wenig Wert auf Hygiene und gehe zu selten duschen. Ja, es stimmt schon, ich gehe nicht so oft duschen, aber wieso auch. Ich verstehe die Leute nicht, die 2-3 mal am Tag duschen gehen. Meiner Meinung nach ist so etwas Wasserverschwendung.

Ich habe für mich eine Regelung aufgestellt, die für mich passt, nur anderen ist es zu wenig. Ich habe nicht vor für andere etwas zu ändern, wenn es für mich so passt. Ich weiß, dass sich das vielleicht egoistisch anhört, aber ich verstehe nicht weshalb ich etwas ändern sollte. Ja, mir ist bewusst, dass einmal mehr duschen nicht schaden würde, aber für mein Empfinden ist es ziemlich egal, ich fühle mich so wohl.

Mich macht die Sportwoche fertig. Ich bekomme kaum Schlaf und bin meist alleine.

3.7.2016, (Abend) 21:45Uhr

Ich fühle mich missverstanden. Ich habe das Gefühl, als sollte ich aufhören, aber es kostet mich eine so große Menge von Kraft, die ich auf Dauer nicht geben kann. Es hat schon längere Zeit funktioniert Nein zu sagen, aber heute wieder überhaupt nicht und es ist so komisch, ich habe eigentlich keinen wirklichen Grund, Fakten oder richtige Klarheit, es ist ein schwaches Gefühl, wobei ich nicht einmal genau weiß von wo. Ich denke es will mir etwas sagen und ich sollte es ernst nehmen, aber auf Dauer ist es ziemlich hart.

Ich möchte mit den Pferden so weit wie möglich kommen, GROSSARTIG werden, aber gleichzeitig möchte ich ich bleiben, mein Leben und meine Zeit genießen und nützen, und dann bin ich bei allen Tätigkeiten zäh, weil ich Angst vorm

Nicht-Nutzen und Versagen habe, wobei ich bei genau dieser Tätigkeit und diesem Vorhaben dies tue.

Ich hoffe ich kann mich motivieren!

5.7.2016

In der Schule habe ich Freunde, bei denen ich nicht mehr weiß, ob ich sie Freunde nennen kann.

Ich bin 16 und meine noch sogenannten Freunde haben in der Schule eine „Fortgehgruppe" gebildet. Ich habe jetzt versucht irgendwie da reinzukommen und viele Sachen zu machen, die mich überhaupt nicht vertreten, aber ich komme nicht rein. Sie ignorieren mich in letzter Zeit und schließen mich aus. Ich bin ganz alleine. Ich weiß nicht warum! Ich versuche mich zu ändern und sie schließen mich noch mehr aus.

16.8.2016

Hallo Leute, ich schreibe nicht mehr, weil ich mich nicht jedes Mal wieder und wieder wiederholen möchte und nicht weiß, was ich anderes schreiben soll.

Mein Leben ist super und es ist komisch, aber ich werde immer erwachsener. Aber genau das ist mein Problem!

Meine Mutter ist jetzt mit ihrer Ausbildung fertig, es fehlt nur noch die Abschlussarbeit und dann macht sie sich entweder selbstständig oder geht arbeiten. Sie hat einige Monate darüber nachgedacht und Pro-&Contra-Listen erstellt und mit der Familie geredet und ist jetzt am Weg zur selbstständigen

Sozialpädagogik mit Tieren. Ich bin mir nicht sicher was ich davon halten soll. Es ist super, dass sie zu Hause arbeitet und grundsätzlich ist es ja genau das was sie jetzt auch macht, nur legaler. Aber es ist in meinen Kopf anders. Es ist das Gerede und einfach ein Ereignis Dessen, das macht es so schlimm. Mum versteht es nicht und ich kann es ihr aber nicht sagen.

Es sind seit ca 5 Wochen Ferien und ich bin 16 Jahre alt, somit habe ich mit dem Führerschein begonnen, aber es läuft nichts davon so wie es sollte. Die Intensiv-Kurs-Woche war wirklich intensiv und die Fahrstunden mit dem/der FahrlehrerIn waren krauenvoll und haben mir das selbstständige Fahren verkrault und die Theorie-Prüfungen werden auch nichts, ich versuche es jetzt schon „ewig" und es klappt jedes Mal nicht. Das Lustige ist ja, dass wenn ich eine halbe Woche ungefähr nichts übe, wird die Prüfung besser, wie wenn ich voll lerne, und ich verstehe es einfach nicht. Eigentlich ja klar, aber doch irgendwie überhaupt nicht zum Verstehen.

Somit bin ich jetzt voll fertig mit den Nerven und ja.

Dann habe ich noch ein riesiges „Problem", ich weiß nicht recht wie ich es sagen soll, ich habe nach ewigen hin und her mich einmal dazu „überwindet" das ich mit etwas für eine gewisse Zeit aufhöre, damit ich sehe was mein Gefühl dazu sagt, weil es sich in letzter Zeit immer bemerkbar gemacht hat, als ich etwas gewohntes tat. Dieser „Versuch" war positiv, da er aber sehr anstrengend war habe ich mich dazu entschlossen ihn abzuhacken und es weiterhin wie gewohnt auszuführen, aber es war nach dieser längeren Zeit nicht mehr das selbe und das sehr Leichte wurde sehr schwer und ich weiß nicht wieso, verstehe es nicht und weigere mich auch es zu verstehen.

Jetzt stehe ich wieder davor, ich tue es wie früher auch, nur ist mein Gefühl damit nicht einverstanden und wehrt sich, nur weiß ich nicht weshalb. Ich warte immer auf einen Beweis, aber er kommt nie so dass ich es irgendjemanden Fremden, der nicht daran glaubt, als Beweis zeigen könnte und andere kann ich genau so gut nur als Verwirrung oder so einstufen und ist einfach schwer als „Beweis" zu sehen. Für mich reicht es zwar so ungefähr, aber es ist einfach zu wenig für jemanden anderen und somit nicht vollkommend ausreichend.

Momentan gebe ich wieder all meine Energie darin meinem Gefühl zu folgen und es nicht zu tun, nur ist es einfach nur extrem anstrengend. Außerdem kann ich mir nicht vorstellen wie ich aufhören könnte daran zu denken, aber ich muss. Und dann wird der nächste Schritt kommen auf den ich momentan absolut überhaupt nicht verzichten kann und nicht weiß wie ich es je ohne ihn schaffen soll. Aber die Zeit wird alles heilen, Hoffnung stirbt zu Letzt. Falls irgendjemanden einen Rat hat kann er/sie sich gerne bei mir melden, hoffe es hilft.

17.5.2017

Ich habe solche Angst, dass ich Rose auch verliere. Ich denke die ganze Zeit daran, dass ich sie (Rose) nicht auch verlieren möchte. Wie Sila.

Ich habe solche Angst, dass ich nicht gut genug für Rose bin, dass ich ihr und ihrem Potenzial nicht gerecht werde.
Ich kann mit niemanden darüber reden. Ich denke da immer an Mum, dass sie wahrscheinlich fuchtig werden würde, wenn ich schon wieder mit solchen Selbstzweifeln anfange, aber ich bekomme diese Angst einfach nicht aus mir oder meinem Kopf raus. Jetzt schreibe ich und es hilft so sehr, es ist so befreiend. Beim Schreiben jedoch denke ich jetzt immer an meine Schule und meinen Deutsch-Lehrer und deshalb schreibe ich auch nicht mehr so viel und gern, da egal was ich schreibe, es ihm nicht passt.
Zurück zum Pferd. Sophia kommt wieder. Ich freue mich riesig. Das „Problem" ist nur, dass das immer so ungewiss und extrem kompliziert ist und naja, ich weiß nicht recht wohin ich will. Ich will weiterkommen, aber weiß nicht recht wohin und will so viel gleichzeitig und so sofort ja … da weiß Sophia dann auch nicht weiß wo sie ansetzten soll und Mum dreht durch, wenn ich so anfange. Ich will sie nicht enttäuschen, aber ich will meinen eigenen Weg gehen und es wäre echt cool / toll, wenn ich den einmal genau wüsste → also so Schritt für Schritt und nicht diesen innerlichen (eigenen) Stress hätte.
Ich will einfach diese Ängste nicht so präsent haben. Ich meine gut und hilfreich, wenn ich sie habe, aber ich steigere mich da viel zu sehr hinein, wenn ich sie präsent habe und meine Gedanken, egal bei welcher Bewegung des Teams, nicht davon abwenden kann.

10.11.2017

In der Schule haben wir gerade einen Vortrag gehabt über Ablenkung im Verkehr. Es wurde hauptsächlich das Thema Handy behandelt und der Vortragende hat uns viele emotionale Videos über tödliche Handyverkehrsunfälle gezeigt und es war wirklich schlimm, weil er dann über die Familienmitglieder, die er dann besuchen musste erzählte und das war für mich sehr schlimm.

Früher war ich sehr gesprächsfreudig, jetzt sage ich kaum noch freiwillig etwas.

Ich bin nervös. Sehr.

Ich habe keinen Grund nervös zu sein, es macht nichts Gutes, ich sollte es belassen, es ist sinnlos und kostet nur Kraft, die ich anders einsetzten könnte und soll!

Wir haben gerade Musik und es ist total fad, wir besprechen irgendeine Theorie mit Klavier und die Melodie macht Ohrenweh, aber ich kann / darf ja nicht einfach raus gehen, außerdem ist es Teststoff. Danach haben wir Mathematikschularbeit, ich bin schon total (nervös) aufgeregt …

Ich möchte mich nicht vorne hinstellen und präsentieren --- Ich habe jetzt schon viele / einige Tage in der Schule ausgehalten. Doch bin ich sehr unsicher und zittere um einiges mehr. Sophia hat gesagt, ich flippe schon aus, sobald ich einen Stift sehe, echt schockierend aber ja.

Ich arbeite gerade daran, dass ich das Leben wieder liebe und die Teile, die ich nicht mag, akzeptiere und liebe. 17.12.2018

Ich soll / darf in dem Fach Bewegung und Sport nicht mehr fehlen. Habe aber nächste Woche in der Zeit dessen Faches eine Nachschularbeit. Das macht mir Sorgen. Ich hatte schon vor noch mal zuhause zu bleiben, aber da muss ich wieder mit der jeweiligen Lehrkraft reden wie das dann geht, dass ich beurteilt werden kann und das ist das einzige Zeil.

ich habe Angst nicht durchzukommen und als Preis habe ich meine Seele mehr oder weniger und den bin ich nicht bereit zu zahlen. Also stehe ich in einer Zwickmühle und kann nicht durch die mauern stürzen. Es tut weh. 27.3.2019

1.12.2017

Ich habe die Schwierigkeit, dass in der Schule niemand oder keine zwei sind, ist, der Motivation bzw. effektive Arbeit ohne schlechte Gedanken hat.

Ich fühle mich momentan nicht wohl in der Klasse. Es gab einmal eine Zeit das hatte ich das Gefühl als würde ich akzeptiert und auch ein wenig ernst genommen werden. Jetzt fühle ich mich wieder mehr wie Luft. Niemand hört mir zu und das absolut komische ist ja, dass ich mir im Unterricht nichts mehr sagen traue. Ich sitze im Unterricht und

schweige, als wäre mein Mund zugenäht – das bin nicht ich.
Und ich weiß nicht warum und was ich dagegen machen soll.
Was soll ich tun?

Ich will nicht im Hintergrund sein und nicht wahrgenommen
werden. Ich will sein und mich das auch präsentieren und
AUSTRAHLEN trauen!

Wieso bin ich nicht mehr ich in der Schule??

Auch bei den Noten bin ich auf dem Faden der Grenze. Ich
schreibe meist nur noch knappe 4er und freue mich darüber.
Früher hatte ich nur 1er und 2er und zwei war schon
manchmal schwach. Jetzt lerne ich kaum noch, hoffe und
meine Gedanken befassen sich nur mit heute und morgen,
alles andere ist nicht relevant, darum lerne ich auch nicht,
weil ich nur an heute und morgen denke und sonst ist nichts
von Bedeutung. Ich habe dreimal die Woche bis 17Uhr
Schule, komme also um 18Uhr nach Hause und das bringt
mich zum Überlaufen, ich schiebe alles darauf, dass ich eh so
auch so EXTREM lange in der Schule bin und nicht zuhause
auch noch lernen will. Zuhause ist Zuhause und PAUSE. Ok.
Aber dann muss ich es mir trotzdem so richten, dass in der
Schule alles passt. Das ist das, was momentan nicht wirklich
funktioniert, und das war aber die Aufgabe. Ich weiß nicht wie
ich es drehen soll, sodass ich auf einen Nenner komme, weil
ich Zuhause mit den Pferden nicht zurücktreten möchte.

8.1.2018

Ich weiß nicht wo ich anfangen soll, bei Eliot, bei Dad, bei den Überlegungen was ich nach der Schule machen oder studieren möchte, was ich heute machen oder tun möchte.

Ich beginge mit dem präsentesten Thema was es gerade gibt, wir sehen uns gerade im Unterricht einen Film „Prison Experiment" an und ich finde es eine Zumutung was wir machen, ich kann es nicht genauer beschreiben. Letztes Mal habe ich Vokabel gelernt, dies hat als Ablenkung recht gut funktioniert, heute wollte ich schreiben, dies funktioniert aber nicht so gut, ich bin mir nicht sicher was ich tun soll, ich meine ich möchte und muss schreiben, doch neben dem Film funktioniert das nicht und sonst habe ich aber keine Zeit, also schreibe ich einfach IRGENDWAS und hoffe es hilft trotzdem irgendwie mich wieder etwas zu erleichtern. Ich verstehe den Sinn des Unterrichts und den Sinn des Filmes im Einzelnen, doch für mich nur als Zuseher bzw. Zuhörer (, da ich meist nicht zusah, sondern daneben VERSUCHT habe etwas anderes zu tun), doch ich verstehe nicht wie es positive Auswirkungen für mich haben soll.

Dad ist komisch, und es wird immer schlimmer, aber das ist nicht was mich so bedrückt. Was mich so bedrückt ist, dass ich mich vor ihm grause. Ich meine er ist mein Dad und ich schäme mich für ihn vor allem und jedem. Ich finde seine Körperspannung so grauslich. Er persönlich kann nichts dafür. Ich habe das mit seinen Händen schon lange komisch gefunden, noch bevor ich wusste, dass er krank ist.

3.10.2018

Ich bin krank, weil ich nicht in die Schule will, doch es bringt mir nichts, aber das habe ich noch nicht verstanden. Ich weiß es zwar, aber ich weiß / habe noch keinen realistischen Lösungsweg somit setze ich mich so damit auseinander. Doof, ja.

Max hat mich gestern überzeugt zu schreiben. Ich wollte nicht. Ich muss aufhören in jeden meiner Sätze ein Wahrscheinlichkeitsform einzubauen oder eigentlich zu verwenden! Das tut mir nicht gut, ein Mensch, welcher ich sein möchte, zweifelt nicht an seinen Aussagen, an sich oder seinen Taten. Reflektieren ist ok, aber nicht in dem Ausmaß, den ich annehme.

Es ist einfach so viel und so durcheinander und verwirrt. Ich weiß nicht was ich schreiben soll, es kommen keine Wörter. Normalerweise denke ich an etwas und die Wörter fließen / kommen von selbst. Jetzt, ich weiß, dass ich schreiben MUSS, egal ob ich will oder nicht, es ist das (das einzige!) was mir hilft und was ich gerade brauche und tun musss. Es fällt mir schwer, kostet Überwindung, auch Überwindung mir die Zeit zu nehmen, doch es ist das einzige was ich brauche.

Ich möchte weinen, doch es gehört sich nicht in unserer zivilisierten Welt. Ich sollte, ich MUSS. Das muss ich noch zusätzlich zum Schreiben.

Darüber zu reden ist auch gut, aber es hilft nicht im Geringsten so als Schreiben. Es heißt immer man soll über Probleme und Schwierigkeiten sprechen, habe ich natürlich probiert (irgendwann), aber es hilft nur kurz. Es ist zwar gut, ok, aber nur darüber zu schreiben löst es in mir und befreit mir auch ein Stück davon. Es lässt mich noch einmal über alles nachdenken, es anders, neu, sehen, zuhören, frei machen von dem und fallen lassen, was nicht belasten sollte. Oder auch schon, aber nicht.

DANKE, Max!

Ich weiß ich bin nicht immer einfach, aber ich versuche stabil zu bleiben. (Meine Lehrerin ist gerade reingekommen.) Wieso lasse ich mich von Menschen so kaputt machen?! Es kann mir doch ganz egal sein was andere in ihrem Leben machen, ob sie es leben, lieben, genießen, hassen, oder was auch immer daraus machen, es ist ihres, nicht meines, es kann mir egal sein, ganz egal. Aber das ist es mir nicht. Wie soll ich das verstehen? Wie soll ich …

„Ich kann es mir nicht leisten krank zu sein", das sagt Mum oft. Ich weiß nicht was ich davon halten soll, es fühlt sich so an, als ob ich es mir noch weniger leisten könnte nicht krank zu sein, aber das wird zuhause nicht verstanden. Ist auch verständlich, aber ich kann nicht mehr.

Ich fühle mich nicht bereit für das Leben, aber ich glaube das wird man nie. Ich komme mir vor, wie ein kleines Kind, das erst spielen muss um sich and die Wirklichkeit zu trauen, aber eigentlich ist es genau umgekehrt; Kinder trauen sich an die Wirklichkeit, nur Erwachsene haben Angst vor ihr. Aber ich weiß nicht warum und vor allem, ich weiß nicht wie man dazu steht. Hat man nämlich keine Angst vor der Angst, kann sie auch nicht an.

Ich erhoffe Antwort, doch sie kann man nicht in Sätze fassen, love the life, was anderes macht keinen Sinn.

Ich schreibe, obwohl ich nicht einmal weiß was, so gut habe ich mich schon lange nicht mehr gefühlt. Einfach schreiben, Gedanken freien Lauf lassen. An nichts anderes denken und lieben, danke!

Ich möchte nicht aufhören, ich möchte auch nicht über meine „Schwierigkeiten" schreiben, ich möchte einfach dieses Gefühl behalten und mich an alle ganz ganz herzlich bedanken die mich so unterstützen, halten und hinter mir stehen und mich auffangen, wenn ich falle!

17.11.2018, ca. 20:45 – 21:30

Mama ist oft, ich weiß nicht genau was. Sie ist auf jeden Fall oft sauer und extrem traurig kommt sie mir vor, über Dad.

Oft denke ich mir, sie ist überfordert.

Sie sagt oft, es kommt ihr vor, als wäre sie der einzige Mensch auf der Erde. Es kommt ihr einfach so vor, als ob alles an ihr hängt, als ob sie der einzige Mensch auf der Erde ist, der sich um alles kümmern muss. Das ist eine große Last. Diese sollte sie nicht haben. Es tut ihr auch nicht gut, das sieht man genau. Was soll ich tun? Ich kann sie ihr nicht abnehmen und ich schaffe es aber auch nicht mich um meine eigenen sieben Sachen zu kümmern und habe Schuldgefühle, wenn ich dann zu ihr gehe und habe aber auch Schuldgefühle, wenn ich ihr helfe. Ich weiß nicht von wo diese dann kommen, vielleicht weil sie immer sagt ich soll mich nicht um die Probleme anderer annehmen, aber ich habe nicht das Gefühl als wäre das der Grund.

Außerdem, … ich weiß einfach nicht wie es weitergehen soll.

Mum hat viel wegen Dad, meine Großeltern dürfen nicht mehr Auto fahren und müssen jetzt überall hin chauffiert werden und möchten aber eigentlich viele Ausflüge machen, weil sie auch nicht mehr Lesen können, körperlich nicht mehr so viel können wie sie von früher gewöhnt sind, und es auch noch nicht gewöhnt sind, dass sie nicht einfach wohin fahren können. Die ganze Hausarbeit bleibt an Mum hängen (ich bin nicht so begeistert von Hausarbeiten), die Pferde. Kochen tut Gott sei Dank meine Großmutter, ein sehr großer Punkt ist nicht an Mum. Aber auch ich klebe an Mum, und ich kann aber auch nicht weg, dafür bin ich einfach noch nicht groß genug, völlig egal wie alt ich bin. Jeder sagt mir ich bin schon zu alt für das alles, aber das kann ich ja nicht ändern.

Ich bin jetzt im letzten Schuljahr und ich kann mich einfach nicht zusammenreißen, dass ich das letzte Jahr, die paar Monate noch, mich bemühe und wenigstens versuche mich zu bemühen und notenmäßig etwas rauszuschlagen. Es ströbt sich einfach alles dagegen, diese Schule hat mir so viel genommen, wieso soll ich ihr auch nur irgendetwas, auch nur das geringste, zurückgeben oder entgegenkommen. Es geht um meine Noten, meinen Abschluss, ja, nein, so fühlt es sich einfach nicht an! Es ist, dass ich die Schule einfach hinter mir lassen möchte, dieses Kapitel zuklappen und NICHTS mehr davon hören möchte. Ich weiß, ich werde es, wenn ich das tun könnte, bereuen, doch welche Hilfe habe ich? Meine einzige Hilfe wäre Mum gewesen und sie kann gerade nicht mehr. Ich weiß nicht zu wem ich Hilfe suchen gehen soll. Anna und ich haben uns langsam irgendwie auseinandergelebt, wir sprechen und sehen uns nicht mehr so oft, auch habe ich das Gefühl, dass wir viel voneinander uns nicht mehr erzählen. Sie hat jetzt einen Freund, das ist gut, und somit hat sich bei ihr einfach auch das ganze Blatt in eine gute Richtung gedreht, weg von mir und mir kommt auch hin und wieder vor, weg von ihren früheren ich. Ja, das ist wohl auch gut. Jeder wird älter, macht Erfahrungen und schreibt sein Buch, sein eigenes.

Es ist nur, dass ich nicht weiß, wie ich mich weiter verhalten soll. Es macht mich fertig, und ich weiß nicht zu wem ich gehen soll. Ich bin voll, es passt nichts mehr in den Topf. Es wird immer über ein Ventil gesprochen, doch welches ist meins? !? Habe ich eins?

Pferde sind ein großer Teil meines Lebens und ich liebe sie, doch sind sie kein großes Ventil. Ein kleines, ja. Ich brauche einen Ausgleich. Ich weiß nicht mehr was ich denken soll. Meine Gedanken sind verstopft. Sie platzen.

Ich habe nicht Angst etwas zuzugeben, ich habe Angst, was andere über mich denken. Wieder das mit dem offenen Buch, das ich nicht sein möchte. Ich habe Angst andere damit zu verletzten. Wenn ich etwas jemanden / einen Menschen erzähle, ich kann niemals 100% darauf vertrauen, dass derjenige es nicht weitersagt und Gerüchte daraus entstehen. Deshalb behalte ich alles bei mir, doch das frisst mich halt auf. Schreiben, ja, wenn es anschließend jemand liest ist es auch immer mit einer persönlichen Auffassung verbunden, doch es ist auf Papier, Papier lässt es erst weiter, wenn ich es dazu lasse. Es ist mehr meine Entscheidung als wenn ich es nicht weiß.

Papa ist ... Ich weiß nicht was Papa ist. Mama sagt er ist krank.

Er ist einfach komisch. Er ist laut, schläft komisch und wenn es hell ist. Er ist munter, wenn es Abend wird und dann spielt er Geldspiele am Computer, trinkt und schläft, gibt aber vor nicht geschlafen zu haben und meint er habe den ganzen Tag ja eh so viel getan. Eigentlich tut er den ganzen Tag fast nichts. Manchmal tut er wirklich was und das ist super. Nur die meisten Tage tut er nichts, meint er habe eh den ganzen Tag so viel getan und streitet sich mit meiner Mum.

Er spricht auch immer so laut und voll den Irrsinn, doch er ist voller Überzeugung davon. Was soll ich tun?

Er kommt auch nicht mehr zum Mittagessen. Eigentlich ja eh gut, es ist viel entspannter, wenn er nicht dabei ist, aber mir geht es eigentlich um das Prinzip.

Ich baue so viele „eigentlich" ein, weil ich eigentlich noch nicht wahr haben will. Es ist mein Dad, und er verhält sich aber nicht mehr so.

Ich „möchte" nicht schreiben, ich möchte!!! Aber ich „möchte" nicht, weil ich niemanden verletzen möchte oder dass sie sich Sorgen über mich machen, sie haben alle genug Sorgen mit sich selbst, diese sollten vor gehen und diese sollten sie selbst beschäftigen und diese sollten sie klären und lösen, nicht meine. Jedoch schaffe ich es alleine nicht mehr. Es ist viel Last, Sorge / Kummer, so viel das ich auf mich liegen lassen habe und versucht habe einfach in mich hineinzuessen und mehr oder weniger zu ignorieren, doch es funktioniert nicht. Die Vergangenheit wird einen immer einholen. Das weiß ich ja eigentlich auch, doch dachte oder hoffte ich, dass diese Sachen mit der Zeit heilen, doch sie heilen nicht, weil sie nicht können. Ich muss darüber sprechen, weil ICH sie sonst nicht mit der Zeit heilen lassen kann. Die Zeit hat geholfen, keine Frage, und darüber bin ich sehr dankbar. Doch um es abzuschließen muss ich es irgendwie verarbeiten, und dafür muss ich darüber sprechen, mit denjenigen, die es angeht. Genau das, was ich die ganze Zeit versucht habe auszuweichen.

Es ist ja nicht, als hätte ich es nicht gewusst. Eigentlich habe ich es immer schon gewusst, nur ist es so schwer, ich weiß nicht wie. Ich möchte nicht, dass ich die bin, die ihre gute Lebensansicht zerstört oder einen Teil davon. Es werden dauernd Teile zerstört, ich möchte nicht noch einen zerstören! Doch ich weiß auch nicht, wie ich es anders machen sollte?

Wo gehe ich hin? Was möchte ich machen? Wie geht meine Reise weiter?

Wie kann ich mich wieder für die Schule begeistern? Ehrlich begeistern?

Ich dachte die letzten Tage, wenn ich ein Ziel finde, das ich wirklich möchte, für mein Leben, dann hätte ich wieder einen Grund für die Schule. Doch stimmt das nicht. Ich habe das Gefühl, und das freut mich sehr und stärkt mich auch, dass sich das „was?" nach der Schule selbst finden wird. Danke.

Nur die Zeit in der Schule muss ich noch überstehen und irgendeinen Weg finden es gut zu schaffen.

22.11.2018

Einfach schreiben. Egal was. Kurze Sätze. Wollen auch immer alle in der Schule oder in der Praxis im Kindergarten. Alle wollen immer irgendwas, Zeit für sich, für einen selbst, zum Rasten, Regenerieren, schreiben, bewusstes Durchatmen, LEBEN, … gibt es kaum noch. Unsere Zeit ist geprägt von Hektik und Zeit. Bewusstes Wahrnehmen, Durchatmen und den Augenblick zu genießen, das, was das wichtigste wäre, das bleibt meist liegen und muss „warten". Schlussendlich werden wir es vergessen und uns irgendwann in unserem Leben fragen, was los ist. Was los ist frag ich mich öfter, doch ich meine uns selbst zu fragen was in unserem Leben fehlt. Ich bin der Überzeugung, dass irgendwann in unserem Leben der Zeitpunkt kommt, wo wir uns fragen was uns in unserem Leben fehlt. Es wird eine Zeit geben, in der jeder seinen Mittelpunkt sucht und ich hoffe für jeden, dass er wieder zurückfindet zu den wichtigsten Prioritäten des Lebens, des Bewusstseins. Ich hoffe für jeden, dass er die Schönheit des Lebens (wieder) sehen kann und die Zeit schätzen und genießen kann. „Es ist nicht wenig Zeit, die wir haben, es ist viel Zeit, die wir nicht nutzen". Diesen Satz lass ich mir von Zeit zu Zeit „auf der Zunge zergehen" und ich bin immer wider schockiert wie sehr er wirkt.
Bitte nehmt euch kurz Zeit und lest ihn noch ein- oder vielleicht auch mehrmals durch und lasst ihn wirken.

26.11.2018

Schule: Wut und Frust

Mum weiß nicht mehr was sie mit mir machen soll. Ich kann
nicht einschlafen und wecke sie dann immer auf. Ich will nicht
in die Schule!! Es ist so sinnlos. Alle Bestätigungen, die ich
zurückbekomme sind Negative und dann soll ich gerne
dorthin gehen? Ich verbinde alle schlechten Lehrer mit dem
Begriff Schule. Es ist so viel Frust und auch Wut in mir wen ich
nur annähernd daran (Schule) denke! Ich weiß nicht was ich
dagegen tun soll. Es einfach zu belassen ist für mich nicht
drin, das kann ich nicht ruhen lassen, ich möchte etwas
dagegen tun, ich möchte das sich meine Lehrer ändern, ich
möchte wieder ein gutes Gefühl zu dem Begriff Schule haben.
Dass ich die Lehrer nicht ändern kann weiß ich, mit einem
großen EIGENTLICH. Ich will es nicht akzeptieren, weil ich
einfach nicht weiß, was ich sonst tun soll!?

10.12.2018, ½h

Sogar Mum sagt schon ich soll schreiben. Ich bin total in
einem Tief. Total.

Ich weine nur, daheim ständig, in der Schule verbringe ich
90% damit nicht zu weinen und es gElinagt mir oft mit ein
paar Tränen davon zu kommen, aber nicht immer. Dazu
kommt noch, dass ich dauernd schlechte Noten schreibe,
auch in Fächer, in denen ich eigentlich nicht schlecht wäre.
Mir fällt auf, dass ich von naturaus eigentlich sehr groß
schreibe, doch jetzt versuche ich so klein wie möglich zu
schreiben, weil ich unter den Boden versinke und mich

verstecken will, weil ich nicht weiß was ich dagegen tun soll und wie mir geholfen werden kann.

Morgen habe ich WingeWave das erste Mal, ich freue mich schon so!! ich halte nichts davon, aber ich bin momentan für alles dankbar. Mein Problem ist nicht, dass ich ... nicht weiß, ich weiß nur nicht, was ich damit bzw. mit dem was ich weiß anfangen soll. Ich tu mir so schwer, dass ich Sachen, die ich nicht ändern kann, akzeptiere. Ich weiß, dass ich es nicht ändern kann, aber ich kann es nicht akzeptieren.

Das geht jetzt schon über ein Jahr so dahin und wird immer schlimmer, schon fast zwei Jahre. Wie löse ich diese Verklemmtheit in mir? Und wie verfalle ich NICHT in Selbstmitleid? Das ist schwer. Man soll über seine Probleme / Schwierigkeiten / Macken / ... nachdenken, aber nicht darin hineinfallen. Objektivität braucht man auch für Professionalität, ist extrem schwer.

Gestern habe ich jemanden gesehen, er wurde von einem Pferd getroffen und hat sich wirklich verletzt, wurde aber überhaupt nicht emotional oder deshalb unfair gegenüber dem Pferd, nein, er blieb total ruhig und blieb extrem freundlich zum Pferd. Auch nach einer Pause war er genau das vom vorherigen Satz und das fand ich wirklich total beeindruckend. Er hat auch nicht lange über das Geschehene nachgedacht, nicht zerlegt in Scherben wie ich es immer mache. Er hat reflektiert an was es gelegen ist und wie er es hindern hätte können bzw. was er anders machen kann folgend. Total beeindruckend. So freundlich zu dem Lebewesen, das ihn verletzt hat.

Ich habe Hunger, aber mein Frust ist größer, konzentrieren kann ich mich sowieso nicht und generell weiß ich grad nicht wo vorne und hinten, links und rechts, oben und unten, ... sonstwo ist.

Es ist Advent, kurz vor Weihnachten, und ich bin absolut gar nicht in einer entspannten Adventszeit. Für mich ist es auch gar nicht realisierbar, dass Weihnachten in wenigen Tagen ist. Für mich ist nur die Situation Status Verzweifelt vorhanden. Das finde ich sehr traurig, ich würde mich gerne wieder dem Leben freuen und aus dem Herzen dankbar sein und die Dinge, die ich sage, mit reinem Gewissen meinen und dahinter stehen kann, auch hinter meinen Gedanken und wieder in die Zukunft blicken kann und Pläne machen kann auf die ich mich freue und leibe und ... meine Hoffnung wieder finde.

29.12.2018

Ich dachte ich bin am richtigen Weg. Ich dachte, ich würde dort eine Weile bleiben und könnte mich auskosten und auftanken und, ja, eigentlich hoffe ich nicht mehr abweichen zu müssen, wie jeder Mensch. Doch es waren nur ein paar Tage, ich bin sehr froh und dankbar für diese Tage und sehr dankbar, dass nichts passiert ist! Ich dachte nur, ich könnte so weiter machen, ich wäre richtig und es bliebe eine Weile so. Ich muss mehr Abstand wahren! Obwohl das das ist, was ich bei den Pferden meist nicht möchte, ich möchte sie doch kuscheln. Aber es sind Pferde und keine Kuscheltiere!! Pferde legen sehr viel Wert auf ihren Individualbereich und es ist ihnen sehr wichtig, dass dieser auch von allen anderen

Pferden (also auch von uns Menschen) geachtet wird.
Ich weiß das, ich habe ein Pferd, das mir das sehr oft sehr
deutlich und genau sagt. Doch ich versuche immer dies
drehen, sodass der Abstand kleiner wird.

Dad wacht jetzt immer erst zum Mittagessen auf, oder oft
noch später. Ich mag das nicht. Heute ist er erst am
Nachmittag aufgestanden. Es ist gut, wenn er spät aufsteht,
weil er dann am Vormittag nichts anstellen kann und auch
keine unruhige Stimmung verbreiten kann. Doch ich mag das
nicht, es ist mein Dad, er soll sich benehmen wie er und der
Familie Halt geben und nicht das komplette Gegenteil.
Er geht abends nicht ins Bett und ist stets in einem
„Halbschlaf", tut nichts und denkt er hätte ja den ganzen Tag
so viel getan und schläft oft am WC und eig. überall.

Dad zittert immer so stark. Das macht mich total nervös und
ich finde ihn unzurechnungsfähig. Das Zittern und dass er sich
nicht mehr mit der Familie gesinnen versucht, hat meine Sicht
auf ihn stark verändert.

30.12.2018

Ich habe mich gerade getraut Eliot zu fragen, ob er mit mir
zusammen sein will (Paar). Er sagte eigentlich gard nicht – so
ungefähr. Es ist für mich total in Ordnung, nur war es mir
wichtig es im alten Jahr noch zu klären mehr oder weniger.
Alle meine Stifte gehen aus!?
Ich weiß nicht recht wie und ob ich es überhaupt schreiben
soll. Doch schreiben hilft mir normal immer. Von außen

verhalten wir uns wie ein Paar, jeder macht „Scherze" und wartet, bis wir es öffentlich machen, also dachte ich vielleicht frage ich nochmal, es fühlt sich ja auch so an.

Ich habe jetzt zwei Zimmer und weiß nicht, was ich damit machen soll. Ich freue mich total.

24.1.2019

Ich bin in der Schule. Ich war ja letzte Woche zuhause und habe mich dann entschlossen am Montag wieder in die Schule zu gehen, wir hatten einen ganzen Tag. Es wurde mir zu viel, also bin ich Dienstag Zuhause geblieben, Mittwoch wieder gegangen. Heute ist Donnerstag, wir haben wieder den ganzen Tag und ich glaube es wird mir (schon) wieder zu viel. Ich weiß nicht was ich tun soll. Ich halte nicht einmal einen dreiviertel Tag in der Schule aus, was soll ich tun?

Soll ich wieder am Nachmittag nach Hause? Soll ich heute „durchdrücken" und morgen dann wahrscheinlich zuhause bleiben? Soll ich überhaupt wieder zuhause bleiben?

Es ist schon ein Fortschritt, dass ich nun sehr oft Bauchweh habe und mir schwindlig ist. Doch konzentrieren kann ich mich immer noch sehr wenig. Schlafen wird schon besser durch die materielle Hilfe, doch sind noch oft Tage, an denen ich nicht schlafen und etwas öfter noch einschlafen kann.

Wir sehen uns in der Schule jetzt immer blödere Filme an und geschweige von den Büchern, die wir lesen müssen, die sind wirklich am Ende aller Dinge.

Zumindest tue ich mir sehr schwer mich von den einzelnen Filmen abzulenken und meine Aufmerksamkeit und Konzentration abzuschwingen. Ich falle immer wieder zu dem Film, da dieser ja mehrere Sinnesorgane anspricht.

Ich würde ja gerne schreiben, doch ist es sehr schwierig bei der Geschichte zu bleiben, so möchte ich nicht begingen. Ich weiß es wäre klüger!

Also schreibe ich halt ein wenig meine Gedanken, da sie ja sowieso da sind.

Was soll ich denn sonst schreiben? Vorher habe ich bei Ideen für die Pferde weitergearbeitet, das finde ich schön, da lächle ich immer.

Ich bin verwirrt von meinen eigenen Gefühlen, was soll ich tun, wo soll ich hin, welchen Weg soll ich folgen? Wo führt der Weg hin, wohin der andere? Wer bin ich?

Ich möchte weiterschreiben, so viel gibt es über das ich schreiben kann, doch fehlt mir der Mut darüber ernsthaft nachzudenken und Wörter zu finden.

Letztens habe ich das Zitat „Es kommt ein Moment indem du dich entscheiden musst, ob die Kraft aus dir heraus, oder in dich hinein geprügelt wird" gehört.

27.1.2019

Papa versteht NICHT wie es jemand anderen schlecht gehen kann. Ich kann nicht definieren, wohin mich das innerlich trifft.

Ich habe keine Kraft mehr, Keine! Es fühlt sich so an, als ob irgendetwas in mir aufgegeben hat anzukämpfen gegen das „Trostlos-sein und zweifeln". Mum sagt die Kraft für das Gute kommt irgendwann ganz schnell und plötzlich wieder. Doch wann und wie lang soll es dauern? Ich stecke jetzt schon echt lange und bin schon an einigen Tiefen psychisch gesehen gewesen und bin überglücklich und sehr dankbar, dass außer meiner Psyche nichts Schlimmes passiert ist. Dass es uns gut geht, dass wir gesund sind, dass unser Körper gesund ist und nichts hat. Dass wir ein Dach über den Kopf haben, genug zu essen und zu trinken und es im Haus wetterfest ist, warm und trocken. Ich bin so dankbar, dass es unseren Tieren gut geht, das sind die wichtigsten Sachen! Danke!

Aber trotz dieser unvorstellbar wertvollen Dinge, stehe ich vor dem, dass ich mit mir selbst nicht klarkomme. Nicht mehr hinten, nicht mehr vorne, oder sonst auf irgendeiner Wegstelle – das ist Pubertät denken sich jetzt wahrscheinlich einige. Ja, denke ich auch, aber ich habe mir diese Pubertätskrise nie so schlimm und andauernd vorgestellt. Ich bezeichne es immer als Burn Out, weil ich mich einfach mit vielen dieser Anzeichen im Moment (in den letzten Monaten) identifizieren (wie es so schön heißt) kann. Ich weiß nicht, es ist nur ein Wort, dass ich IRGENDeine Bezeichnung für „meinen Zustand" habe, weil ich mich einfach nicht mehr aussehe. Ich weiß nicht wie ich anfangen soll oder wo? Ich kann keine einfache Frage mehr beantworten. Bsp.: Wenn mich meine Mum fragt was ich zur Jause möchte – ich weiß es nicht, ich weiß nicht einmal wo ich ansetzen soll. – Bei so einer Frage!! Oder wenn sie mich fragt, was ich jetzt machen möchte, oder ob ich schlafen möchte. Ich finde einfach keine Antwort außer „Ich weiß nicht" oder „mir egal", aber nicht, weil ich jemanden ärgern möchte oder dergleichen, sondern weil ich einfach keine Kraft mehr habe, für irgendetwas.

In der Schule in Didaktik auf die letzte Schularbeit habe ich nicht bestanden. Nicht weil ich nicht gelernt habe, sondern weil ich keinen Bezug genommen habe. Ich habe einfach alles was ich gelernt habe „runtergerattert" aufgeschrieben. Punkt für Punkt. Manches sogar wortwörtlich. Sachlich konnte ich es also, aber ich habe nicht bestanden. Das ärgernd mich sehr. Und das war nicht das einzige Fach, es ist mir in letzter Zeit öfter so ergangen. Ich habe gelernt, ich habe den Stoff gekonnt, doch ich habe nicht bestanden.
Nur weil ich mich nicht konzentrieren kann, wo ich nichts dafür kann, wo ich nichts dafür kann!

Vor ein paar Tagen haben wir einen Arbeitsauftrag in der Schule bekommen. Die Aufgabe war etwas zu lesen und eine Aufgabe dazu zu beantworten. Schlicht und einfach eigentlich. – Ich brauchte eine ganze Einheit, wirklich eine ganze, um 1 Seite zu lesen. Und ich habe nicht bewusst getrödelt oder so, ich habe mich bemüht den Arbeitsauftrag so schnell wie möglich fertigzustellen, doch vergeblich, ich brauchte 1 Schuleinheit mit kurzer Pause danach um 1 Seite zu lesen.

Es hat mich einfach so erschrocken!
Ich lese langsam, ja, doch nicht so langsam.

5.2.2019

Mir ist es gerade echt egal was alles öffentlich von mir
bekannt wird. Denn wenn ich in dieser Welt gehört werden
möchte, dann muss ich Scham ablegen und ich möchte etwas
in der Welt verändern, ich möchte GELEBT haben und gerne
zurückblicken. Ich möchte nicht sinnlos gewesen sein,
sondern etwas aus dem Geschenk Leben schaffen und dafür
leben. Ich möchte Sinn Bedeutung geben – für mich.

6.2.2019

Ich fühle mich gerade wieder ungenau wohl, endlich, Gott sei
Dank.
Mum und ich haben uns gerade einen Liebesfilm angesehen
und ich musste ehrlich gesagt an Eliot denken. Wir kennen
uns einfach schon so gut und haben eine enge Beziehung, nur
ist es schwierig sie „einzuschätzen", es ist mal dies Mal das
und doch dann nichts und einmal er dann ich und ich weiß
nicht wie das ist.
ich liebe ihn, nur weiß ich nicht auf welche Art. Ich liebe ihn
als meinen besten Freud den ich unendlich danke, wie meine
beste Freundin zuvor. Liebe wie (Liebe in der Familie)
Familienliebe.
Und dann ist da noch mehr und das ist was mich beunruhigt,
weil es nie klar und immer unausgesprochen ist. Ich denke oft

an ihn und ja ich freue mich, wenn er das nächste Mal kommt, das ist doch wie man Liebe beschreibt.

25.3.2019

Eliot ritzt sich hin und wieder. Es ist wahr was ich befürchtet habe. Ich hatte einmal, vor einigen Jahren, einen Traum indem Eliot vor meiner Zimmertüre ober der Stiege stand und mich festhielt und nicht auslies und ich wollte schreien, doch brachte keinen Mucks / keinen Ton heraus. Ich fürchtete mich, dass so etwas Ähnliches passieren KÖNNTE. Ich glaubte nicht, dass er mich festhalten und nicht auslassen würde, doch irgendetwas blieb da.

25.3.2019

Mir ist schlecht. Durchfall, schwindlich, nur wenn ich in die Nähe der Schule muss oder daran denke.
Ich habe nur noch zirka drei Wochen, doch ich weiß nicht wie ich durchkommen soll. Mich macht die Schule, die Gefühle, die ich empfinde, wenn ich an Schule denke und die Lehrer und die Unwissenheit so zu schaffen. Mit der Unwissenheit kommt die Unsicherheit diese zu erkunden führt zu Selbstzweifel, die eine der gefährlichsten Situationen im Ich ist.
Ich habe jetzt schon einen sehr langen, steinigen Weg hinter mir, bei dem ich viel Hilfe hatte – Gott sei Dank wortwörtlich.
Ich hoffe ich habe es bald geschafft.
Momentan bin ich, denke ich, bei der Persönlichkeitsfindung.
Ich denke sehr oft an die Versöhnung mit Isabel und weiß

nicht was ich mit Malika machen soll und wie ich dann
verbleibe. Wie passen wir alle zusammen? Bei Malika mach
ich mir noch am wenigsten Gedanken, sie ist ja „nur" die
Autorin. Ich möchte unbedingt mein Buch drucken. Ich habe
lange, viel und gut darüber nachgedacht und nun ist die Zeit
gekommen. Das Gefühl, dass es jetzt passt, ist nun einfach da.
Ich dachte lange, dass ich mit den Texten im Buch jemanden
für mich wichtigen verletze und das war der Hauptgrund
weshalb ich mich die darüber getraut habe.
Ich schreibe wieder! =) Mir fallen wieder Wörter ein. Ich kann
meine Gedanken etwas ordnen und sie schreien nicht mehr.
Ich freue mich so.
Ich kann den Stift wieder halten und damit schreiben –
schreiben. Natürlich noch nicht immer, aber ich freue mich
über jede Kleinigkeit und die Freude ist total schön. Ich
konnte mich ja auch nicht mehr wirklich freuen, jetzt merkt
man es viel mehr und freut sich über die Kleinigkeiten und die
Freude darüber.

Ich habe jetzt (bis jetzt nur drei Tage) angefangen zu Tanzen.
Vor einem halben Jahr ungefähr habe ich Line Dance
angefangen, aber das war nicht das, was ich davon erhofft
habe, also es gab mir nicht das Gefühl, das ich erhoffte und
am Abend so Freestyle Dance schon, also habe ich mal
bewusst mich dazu etwas vertieft, sehen wir mal wie weit ich
komme.

Ich bin heute wieder in die Schule gegangen. Nachdem ich
gerade wieder gut schreiben und den Stift verwenden kann
und mich darüber riesig freue, möchte ich gerade nicht zu
schreiben aufhören und weitermachen.

Ich beginne wieder mit der Nervosität mit unhilfreichen Gedanken. Ich versuche mit „Alles gut" / „Ich bin ok" zu beruhigen. Es hilft soweit. Ich versuche es mit schreiben zu verstärken. Ablenkung ist die Devise.

29.3.2019

Ich sitze in der Schule.
Wir haben gerade einen Arbeitsauftrag in Geschichte bekommen. Ich weiß nicht um was es geht. Der Lehrer sitzt nur da und ich denke mir die Lehrer geben uns nur Arbeitsaufträge, um die Zeit tot zu schlagen und damit sie ja nicht unterrichten müssen. Vielen kommt vor sie wissen eh nicht was sie mit uns machen sollen.
Ich finde es so blöd, wenn wir in der Unterrichtszeit Arbeitsaufträge zu bearbeiten bekommen, weil ich das einfach nicht mag. Ich mag Arbeitsaufträge überhaupt nicht gerne.
Ich schreibe mir zuerst immer einige Schmierzettel und dann ordne ich und schreibe es schlussendlich auf dem Computer, da wir alles maschinengeschrieben abgeben SOLLEN.
Ich glaube, weil die Lehrer zu faul sind die Handschrift zu entziffern. Sie begründen es immer der Einfachheit und zur Vorbereitung der Matura, wo wir auch am Computer schreiben MÜSSEN.

Wir haben noch zwei Wochen Schule – ich hoffe so sehr ich komme durch!!!
Es ist schockierend, dass es nur noch so kurz ist. Ich kann es nicht visualisieren. Ich kann es mir nicht vorstellen. Ich freue mich schon so wenn die ganze Schule und das Thema Schule

und alles rund um dieses Thema abgeschlossen ist. Ich hoffe ich komme durch und kann es abschließen und <u>dieses Kapitel beenden.</u>
Alles Liebe!

25.4.2019

Ich bin müde, so müde, dass meine Augen gleich zufallen und ich mich beim Test nicht konzentrieren kann, weil meine ganze Aufmerksamkeit bzw. Kraft versucht nicht einzuschlafen und die Augen offen zu halten.
Ich habe in letzter Zeit oft Kopfweh, Schwindel, Übelkeit, jetzt muss ich meine Brille wieder (öfter) nehmen. Eigentlich steht sie mir ja nicht so schlecht, aber es ist einfach ungewohnt.
Ich sollte Mathe-Test machen und tue nichts dafür. Ich habe in zwei Wochen Matura / Abi und fange gerade erst an durchatmen zu können.
Ich habe heute Morgen eine Beruhigungstablette eingenommen, damit ich wegen der Schule, dass ich hinmuss, nicht durchdrehe. Die Tablette war mir aber zu hoch dosiert, jetzt bin ich so münde. Ohne wäre es aber, vermute ich, auch nicht besser. Ich habe in zwei Wochen RDP und habe mich / meine Nervosität, Angst, Wut / Frust, … immer noch nicht im Griff. Ich habe auch noch nicht spezifisch dafür irgendetwas extra gelernt. Ich weiß nicht, wie ich das schaffen soll. Aber hey, ich kann langsam wieder schreiben, das ist ein Fortschritt und sehr schön, - und es hilft auch. Ganz ehrlich, ja, ich würde einen Freund haben wollen, aber ich denke ich habe Angst davor. (Aber ja, das ist etwas anderes.)
Ich kann mich so und so nicht auf Mathe konzentrieren, also schreibe ich einfach und lieber weiter.

7.4.2019

Ich bringe Mum zum Verzweifeln. Sie weiß nicht mehr was sie tun soll, wie sie mir helfen kann und ich weiß es auch nicht. Jetzt macht sie schon lange meine ganze Arbeit Zuhause (was nicht gut ist für sie) und ich stehe ihr immer noch zu Last, weil ich einfach nicht weiß wie ich mit meinen negativen Gefühlen umgehen soll und wohin damit.

Es tut mir so leid! Ich weiß einfach nicht mehr was ich tue oder wie ich mit Allem umgehen soll?

Ich habe mir schon professionelle Hilfe gesucht, doch diese hat nichts geholfen, schon mehrere.

Heute ist Sonntag, morgen ist wieder Schule und ich bin Freitag zuhause geblieben, weil es mir am Donnerstag wieder viel zu viel geworden ist und das immer noch anhält, wenn ich an die Schule denke und ich einfach Angst habe mich nicht kontrollieren zu können!

Ich hätte nur noch eine Woche Schule, doch erstens weiß ich nicht wie ich durchkomme und hoffe ganz viel und vertraue auf Gott. Und zweitens bin ich mir nicht sicher, ob ich diese Woche in die Schule kann oder wie viel, es ist einfach so viel Ärger, Wut, Frust, Traurigkeit da und diese hat keinen Platz.

Herstellung und Verlag:
BoD – Books on Demand, Norderstedt
ISBN: 978-3-7481-8159-0